Os devaneios
do caminhante
solitário

O livro é a porta que se abre para a realização do homem.

Jair Lot Vieira

JEAN-JACQUES ROUSSEAU

Os devaneios do caminhante solitário

Tradução, introdução e notas
LAURENT DE SAES
Graduado em Direito pela USP
Mestre e doutor em História Social pela USP

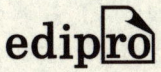

Copyright da tradução e desta edição © 2017 by Edipro Edições Profissionais Ltda.

Título original: *Les rêveries du promeneur solitaire*. Publicado originalmente em Genebra (Suíça) em 1782.

Todos os direitos reservados. Nenhuma parte deste livro poderá ser reproduzida ou transmitida de qualquer forma ou por quaisquer meios, eletrônicos ou mecânicos, incluindo fotocópia, gravação ou qualquer sistema de armazenamento e recuperação de informações, sem permissão por escrito do editor.

Grafia conforme o novo Acordo Ortográfico da Língua Portuguesa.

1ª edição, 1ª reimpressão 2023.

Editores: Jair Lot Vieira e Maíra Lot Vieira Micales
Edição de texto: Marta Almeida de Sá
Produção editorial: Carla Bitelli
Capa: Karine Moreto Massoca
Preparação: Flávia Midori
Revisão: Thaís Totino Richter
Editoração eletrônica: Estúdio Design do Livro

Dados Internacionais de Catalogação na Publicação (CIP)
(Câmara Brasileira do Livro, SP, Brasil)

Rousseau, Jean-Jacques, 1712-1778.

   Os devaneios do caminhante solitário / Jean-Jacques Rousseau; tradução, introdução e notas Laurent de Saes. – São Paulo: Edipro, 2017.

   Título original: Les rêveries du promeneur solitaire; 1ª ed. 1782.

   ISBN 978-85-521-0006-5

   1. Filósofos – França – Biografia 2. Rousseau, Jean-Jacques, 1712-1778 I. Saes, Laurent de. II. Título.

17-07437   CDD-194

Índice para catálogo sistemático:
1. Rousseau : Filosofia francesa : 194

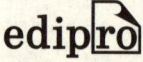

São Paulo: (11) 3107-7050 • Bauru: (14) 3234-4121
www.edipro.com.br • edipro@edipro.com.br
 @editoraedipro @editoraedipro

SUMÁRIO

Introdução   *7*

Primeira caminhada   *15*

Segunda caminhada   *23*

Terceira caminhada   *33*

Quarta caminhada   *47*

Quinta caminhada   *63*

Sexta caminhada   *73*

Sétima caminhada   *83*

Oitava caminhada   *99*

Nona caminhada   *111*

Décima caminhada   *125*

INTRODUÇÃO

Paris, 1776. Jean-Jacques Rousseau, o célebre e maldito autor de *O contrato social* e de *Emílio ou Da educação*, entre tantos outros monumentos literários do Século das Luzes, encontra-se solitário no coração da grande capital francesa. Não é a primeira vez que o filósofo se vê em semelhante situação. Agora, porém, algo mudou, e nessa mudança, o pensamento especulativo que norteara a sua obra política dá lugar a um novo tipo de experiência. Nos últimos anos, suas preocupações fundamentais já tinham se desviado da história e da filosofia social para voltar-se quase inteiramente para as implicações de sua sensibilidade pessoal. Já não se inquietava tanto com o porvir do mundo e suas leis; importava-lhe, quando muito, que a humanidade mudasse sua maneira de encará-lo.

A situação do filósofo genebrino era, para dizer o mínimo, desfavorável. A publicação de *Emílio*, em 1762, a condenação da obra por suas ideias religiosas e políticas e a emissão pelo Parlamento de Paris de uma ordem de prisão contra o autor o fizeram fugir para a Suíça, mas seus problemas com as autoridades continuaram. Expulso de Berna, o filósofo procurou refúgio no principado de Neuchâtel, em Môtiers-Travers. No exílio, dedicou-se a escrever sobre si mesmo, num tenaz esforço de justificação, como atestam a *Carta a Christophe de Beaumont*, arcebispo de Paris, e as *Cartas escritas da montanha*. Este último, entretanto, provocou novo alvoroço, e, em 1765, exemplares da obra foram queimados em Haia e em Paris. No mesmo ano, a residência de Rousseau em Môtiers foi depredada pelos habitantes locais, o que o levou a refugiar-se na Ilha de São Pedro, no lago Bienna, que ele próprio descreveria como a mais perfeita de todas as habitações. Forçado, outra vez, a deixar o idílico lugar, Rousseau, após curta estadia na Inglaterra, retornou à França, em 1767, tornando a escrever sobre si mesmo.

De volta à capital, em 1770, ao lado de sua esposa, Thérèse Levasseur, Rousseau passou a tirar seu sustento do exercício de um ofício que lhe agradava: o de copista de música. Sua idade avançada e sua saúde frágil não lhe permitiram, porém, ser muito produtivo. Passava seus momentos de lazer passeando e, com frequentes herborizações, exercitando-se na botânica, paixão que inspirou, aliás, um texto de 1771, *Cartas elementares sobre a botânica*. Enquanto isso, concluía um monumental texto autobiográfico, as *Confissões*, do qual fez leituras públicas em salões literários, antes de ser proibido pela polícia. Entre 1772 e 1776, redigiu outro texto de justificação, *Rousseau juiz de Jean-Jacques* (os seus famosos *Diálogos*), obra que lhe trouxe uma nova leva de críticas. É nesse contexto, portanto, que, em 1776, Rousseau inicia a composição de sua derradeira obra, *Os devaneios do caminhante solitário*, cuja redação se prolongaria até sua morte, dois anos depois: Rousseau escreveria o último e inacabado segmento do texto em 12 de abril; em 2 de julho, o filósofo faleceu por conta de uma crise de apoplexia em Ermenonville, residência campestre do marquês de Girardin. Publicados apenas em 1782, com a primeira parte das *Confissões*, os *Devaneios* constituem o último capítulo da autobiografia de Rousseau, uma última etapa de sua busca pelo eu.

Condenado pelos poderes estabelecidos e rejeitado pelo público, Rousseau já não vê outro caminho além de deixar o mundo em que vive e criar outro apenas para si. Seus dois últimos anos de vida serão marcados pelo abandono, e até mesmo por um duplo abandono: o abandono da sociedade humana, que, para o filósofo, acarreta necessariamente outro, o da reflexão racional.[1] Na Sétima Caminhada, Rousseau afirma: "Pensar sempre foi para mim uma ocupação penosa e sem encanto". Seu desejo agora é emancipar-se, "nas asas da imaginação", do estado de meditação racional.[2] Não se deixará mais guiar pela razão; terá agora novos guias – a imaginação e suas inclinações naturais. A reflexão, violência que o homem social inevitavelmente faz a si mesmo – "o homem que medita é um animal depravado", já escrevia Rousseau em 1755[3] –, dá lugar ao devaneio. Consequentemente, as longas e minuciosas demonstrações cedem lugar a um novo tipo de literatura.

---

1. MAY, Georges. *Rousseau par lui-même*. Paris: Éditions du Seuil, 1961, p. 109.
2. *Ibidem*, p. 111.
3. Cf. Discurso sobre a origem e os fundamentos da desigualdade entre os homens; trad. de Laurent de Saes. São Paulo: Edipro, 2015, p. 64.

Se o interesse de Rousseau por si mesmo não constitui uma novidade, o que ele nos oferece agora não são memórias; isto é, não se trata de trazer um testemunho histórico sobre sua trajetória. Tampouco são *confissões*, pois o genebrino reconhece não ter mais nada a confessar, nem com quem se confessar. Sentindo que seu fim se aproxima, fala, em princípio, apenas consigo mesmo, deixando-se arrastar pela corrente de sensações, recordações e imaginação. A inspiração vem das caminhadas, pelas quais tem tanto gosto, e do contato com a natureza. Escreve seus devaneios durante os passeios, anotando-os no verso de cartas de jogo.

Rousseau já manifestara anteriormente seu gosto pelo devaneio; aqui, porém, ele faz do devaneio uma técnica de vida e de escrita. A obra é apresentada como um registro fiel dessas experiências. Mas o que ela oferece é menos a verdade objetiva – isto é, um relato detalhado de acontecimentos – do que uma verdade subjetiva de suas reflexões. Não se trata de descrever os devaneios, e sim de revivê-los. O devaneio surge como uma experiência quase mística, durante a qual o homem se faz todo-poderoso, corrigindo e moldando o passado de acordo com sua vontade.

Ao final, temos, segundo o autor, um "diário informe de devaneios", dividido em dez capítulos ou "caminhadas". Mas os *Devaneios* não constituem um diário em sentido estrito, que relataria os acontecimentos do dia: seu conteúdo, afinal, remete a um tempo mais distante. Tampouco se trata de um diário absolutamente "informe", pois, se não há plano de trabalho ou estrutura imediatamente identificável, cada caminhada possui uma unidade temática e constitui, nesse sentido, uma etapa de um itinerário espiritual que cabe ao leitor reconstruir. Há, por trás de multiplicidade e da descontinuidade da experiência vivida, um discurso unificador que procura reestruturar o passado.[4]

A experiência retratada por Rousseau nesta obra tem como ponto de partida e como acontecimento-chave o terrível acidente que ele sofreu em 24 de outubro de 1776, descrito na Segunda Caminhada. O filósofo perdeu a consciência de si mesmo e alcançou, por alguns momentos, um estado de felicidade plena. Ao mesmo tempo, as consequências

---

4. STAROBINSKI, Jean. *Jean-Jacques Rousseau: La transparence et l'obstacle, suivi de Sept essais sur Rousseau.* Paris: Gallimard, 1971, p. 419.

do acidente o fizeram constatar com amargura o caráter vicioso do comportamento humano: os ultrajes de que foi vítima alimentaram seu desgosto pelos homens e revelaram finalmente sua sorte. Vê-se como prisioneiro do destino, vítima de uma conspiração universal, da qual os homens são os instrumentos, mas que é, em última instância, desejada pelo Autor de todas as coisas. Tudo se inscreve num plano maior que ele, mero mortal, não é capaz de compreender. Deus é justo e sabe que ele, Jean-Jacques, é inocente; ainda assim o faz sofrer, um pouco à maneira de Jó.[5] Rousseau se entrega à vontade divina, a única da qual pode esperar alguma reabilitação. O acidente permite, portanto, que ele adote uma nova atitude diante da vida. Abandona o mundo dos homens para tornar-se o *caminhante solitário*.

Resignado com sua situação, e não concebendo mais uma vida possível entre os homens, Rousseau busca a solidão. Diz não procurar mais o reconhecimento. Resta-lhe apenas sonhar sobre si mesmo, numa jornada de autoconhecimento. A Primeira Caminhada traz uma justificação de sua empresa inovadora, suscitada pela situação monstruosa e sem precedentes em que ele se encontra. Sua intenção é conhecer a si mesmo, e para proteger-se da mentira, é preciso afastar-se da sociedade que o corrompeu em seus momentos de prosperidade, contaminando-o com o mesmo mal que ele procurava denunciar. Apenas fora da sociedade é possível eliminar a distância existente os princípios e a conduta pessoal.[6]

Quando começa a escrever os *Devaneios*, Rousseau reside no centro de Paris, na Rue Plâtrière (atual Rue Jean-Jacques Rousseau), ao lado da esposa, numa área bastante movimentada. O isolamento de Rousseau não é, portanto, propriamente físico ou geográfico. Seu isolamento é, antes, uma atitude de negação. No *Discurso sobre a origem e os fundamentos da desigualdade entre os homens*, Rousseau já denunciava a sociedade como uma negação da natureza; portanto, o afastamento da sociedade é, porém, como afirma Starobinski, uma "negação da negação". Na prática, isso implica uma passagem do exame teórico da evolução humana

---

5. PHILONENKO, Alexis. *Jean-Jacques Rousseau et la pensée du malheur: apothéose du désespoir*. Paris: Librairie Philosophique J. Vrin, 1984, p. 294.
6. STAROBINSKI, Jean, *op. cit.*, p. 52-53.

aos problemas interiores da existência.⁷ Como assinala Georges May, o isolamento de Rousseau tem um caráter metódico: ele deseja encontrar uma verdade que o tumulto da vida social não permite alcançar. Não se trata, pois, de um mero gosto pela solidão, mas de uma necessidade moral de isolamento: sendo a sociedade antinatural, apenas na natureza pode o homem encontrar a verdade.⁸

Não obstante, o abandono do mundo não se dá de maneira absoluta. O recuo na solidão é de certa forma desmentido pelo apelo ao universal. A vontade de emancipar-se do jugo da opinião é desmentida pela necessidade de escrever, de dar provas da existência e talvez, com isso, alcançar o público.⁹ O isolamento de Rousseau, ao mesmo tempo heroico e patético, não implica o silêncio: a solidão lhe permite falar do universal, e só assim ela se justifica.

A vida natural emerge como a única capaz de dar ao homem acesso à felicidade, concebida esta de maneira que muito se aproxima da contemplação. No isolamento relativo, na vida tranquila e na fusão com a natureza, o homem esquece os vícios da sociedade, conhece a si mesmo e o Autor de seu ser. É nesse quadro que Rousseau aborda, na Sétima Caminhada, sua paixão pela botânica. O filósofo não realiza suas herborizações como o faria um naturalista, e ainda menos como um farmacêutico. Para Rousseau, elas são um instrumento que lhe permite manter-se em contato com a parte da natureza que lhe é mais acessível, estimulando, com isso, sua imaginação, e fornecendo-lhe as imagens que esta, já enfraquecida, não é mais capaz de produzir.¹⁰

Com efeito, há, nos *Devaneios*, um inegável elogio à imaginação. Mas esse elogio implica também uma distinção entre a boa imaginação, que permite ao homem sonhar e entrar em si mesmo, e a má imaginação. Esta segunda lhe proporciona fobias, sentimentos de perseguição, angústias, mais especificamente o medo da desfiguração, da contaminação de sua imagem, da difusão de rumores. Aos olhos de Rousseau, tais temores são legitimados por sua experiência pessoal, mas, ao mesmo

---

7. STAROBINSKI, Jean, *op. cit.*, p. 53
8. MAY, Georges, *op. cit.*, p. 154.
9. STAROBINSKI, Jean, *op. cit.*, p. 54-55.
10. *Ibidem*, p. 280.

tempo, tornam-no a presa de seus inimigos. Isso porque os males reais têm pouco poder sobre ele, ao passo que os males que teme sofrer realmente o afligem. A má imaginação os estende e os multiplica, produz quimeras e fobias, enquanto a boa imaginação conduz aos devaneios e à felicidade.[11]

A imaginação criativa, ressalta Rousseau, não deve ser confundida com a mentira. Na Quarta Caminhada, Rousseau distingue duas espécies de mentiras. As que dizem respeito a coisas importantes, capazes de causar injustamente dano a outrem ou trazer vantagem indevida àquele que a conta, são necessariamente condenáveis. Há, porém, mentiras inocentes, que dizem respeito a coisas indiferentes, motivadas pela vergonha, pelo embaraço ou por algum mau juízo, e às quais se juntam as mentiras da literatura e das fábulas. Por serem inocentes, não constituem propriamente mentiras. Nessa exaltação do direito à ficção, há uma espécie de confissão envolvida, pois Rousseau sugere que sua memória pode ser criadora, sem com isso deixar de ser verdadeira; ao contrário, pela recordação da impressão recebida, permite dizer também algo sincero a respeito do presente. É esse o duplo poder da palavra escrita, quando movida pela imaginação.[12]

De modo geral, os *Devaneios* dão continuidade ao trabalho introspectivo das *Confissões*, mas evocam, em diferentes momentos, um dos temas-chave da obra política do genebrino: a liberdade do indivíduo diante dos constrangimentos da sociedade. É, afinal, da procura de uma forma de emancipação que a obra trata. E essa liberdade, conclui o filósofo, tende, num mundo corrompido, a se realizar mais na abstenção do que nas boas ações. É esse o tema da Sexta Caminhada, na qual ele examina os laços de obrigação que os atos de generosidade tendem a estabelecer entre o benfeitor e o favorecido. Diante de sua própria incapacidade de livrar-se dos grilhões que as relações sociais lhe impõem, resta a Rousseau apenas refugiar-se na inação para reencontrar uma forma de liberdade. A vida ociosa, intensamente vivida na Ilha de São Pedro (tema da Quinta Caminhada), representa seu mais alto ideal de felicidade. Resignação, abstenção, indiferença, contemplação, ócio: a atitude

---

11. PHILONENKO, Alexis, *op. cit.*, p. 289-290.
12. STAROBINSKI, Jean, *op. cit.*, p. 418.

do filósofo diante da vida que se esvai é definitivamente marcada pela passividade, única atitude possível num mundo dominado pelo vício.

Cabe, por fim, perguntar se o que Rousseau nos oferece seriam de fato devaneios. O devaneio é, por definição, interno e silencioso; exteriorizá-lo já significa deixá-lo. Pode-se dizer que há, nesta obra, um discurso sobre o devaneio, e o discurso, isto é, o ato de expressar-se pela palavra, é sempre uma abertura a um olhar externo. Na justificação do devaneio, existe uma exterioridade necessária. Pode-se afirmar, como faz Starobinski, que escrever o devaneio não é apenas um ato de reflexão: Rousseau não deseja apenas rememorar, mas reviver, reativar o passado por meio da palavra, produzindo algo como um eco do devaneio ou um "devaneio secundário".[13] Nesse sentido, a obra se distinguiria dos *Ensaios* de Montaigne fundamentalmente porque Rousseau escreve apenas para si, sem saber se será lido. Ele é autor, tema e destinatário de seu próprio discurso.[14]

Em outra linha de interpretação, poderíamos entender que a resignação de Rousseau nunca se completa. Seu monólogo foi, afinal, escrito para ser lido e ouvido. Nesse sentido, o grande paradoxo, apontado por Marie-Hélène Cotini, é que os *Devaneios*, escritos em princípio para o próprio filósofo, estão permeados de relatos bastante detalhados de acontecimentos de sua vida, revelando a presença de uma voz narrativa. Ora, um relato, dotado de valor demonstrativo, sempre se dirige a alguém, é sempre um apelo a um destinatário.[15] Seria Rousseau o destinatário de suas próprias histórias ou estaria ele ainda em busca de um ser humano verdadeiramente sensível e capaz de compreendê-lo? Em determinada passagem, o filósofo pergunta: "Seria eu então o único sábio, o único esclarecido entre os mortais?". Pergunta que emerge como uma provocação, um desafio, e um convite à leitura.

Laurent de Saes
Graduado em direito pela USP (2002).
Mestre (2008) e doutor (2013) em história social pela USP.

---

13. STAROBINSKY, *op. cit*, p. 416-417.
14. *Ibidem*, p. 415.
15. COTINI, Marie-Hélène. La voix narrative dans les rêveries du Promeneur Solitaire, *Cahiers de Narratologie*, 2001, p. 297-305. Disponível em: https://narratologie.revues.org/6956. Acesso em: 19 jul. 2017, p. 297.

PRIMEIRA CAMINHADA

Eis que me encontro, então, sozinho na Terra, não tendo outro irmão, próximo, amigo ou sociedade além de mim mesmo. O mais sociável e o mais afetuoso dos humanos foi dela proscrito por um acordo unânime. Procuraram nos refinamentos de seu ódio que tormento poderia ser mais cruel à minha alma sensível, e romperam violentamente todos os laços que me uniam a eles. Eu teria amado os homens a despeito deles mesmos. Foi apenas deixando de ser homens que puderam se subtrair a meu afeto. Ei-los, portanto, estranhos, desconhecidos, enfim, inexistentes para mim, pois assim quiseram. Mas, quanto a mim, afastado deles e de tudo, o que sou? É o que me resta descobrir. Infelizmente, essa busca deve ser precedida de uma olhadela em minha posição. É uma ideia pela qual devo necessariamente passar, para deles chegar a mim.

Há mais de quinze anos me encontro nesta estranha posição e, apesar disso, ainda me parece um sonho. Imagino que uma indigestão me atormenta, que durmo mal e que despertarei bastante aliviado de meu sofrimento, encontrando-me com meus amigos. Sim, certamente, é preciso que eu tenha feito, sem perceber, um salto da vigília ao sono, ou, antes, da vida à morte. Arrancado, não sei como, da ordem das coisas, vi-me precipitado num caos incompreensível, no qual não percebo absolutamente nada; e quanto mais penso em minha situação presente, menos posso compreender onde estou.

Ah! Como eu poderia ter previsto o destino que me aguardava? Como posso concebê-lo ainda hoje, estando a ele entregue? Podia eu, em meu bom senso, supor que um dia o mesmo homem que eu era, o mesmo que ainda sou, passaria ou seria tido, sem a menor dúvida, por um monstro, um envenenador, um assassino; que eu me tornaria o horror da raça humana, o joguete da canalha; que a única saudação que me fariam os passantes seria cuspir em mim; que uma geração inteira se divertiria, de acordo unânime, a enterrar-me vivo? Quando essa estranha revolução se fez, apanhado de surpresa, fui por ela inicialmente perturbado. Minhas agitações, minha indignação, me fizeram mergulhar num delírio que não levou menos de dez anos para se acalmar. E, nesse intervalo, caindo de erro em erro, de falta em falta, de tolice em tolice, forneci, por minhas imprudências, aos diretores de meu destino,[16] tantos instrumentos que eles habilmente empregaram para fixá-lo irremediavelmente.

Por muito tempo, debati-me violenta e futilmente. Sem habilidade, sem destreza, sem dissimulação, sem prudência, franco, aberto, impaciente, colérico, limitei-me, ao me debater, a enlaçar-me ainda mais e a dar-lhes constantemente novos ensejos que se abstiveram de negligenciar. Sentindo, finalmente, todos os meus esforços inúteis e atormentando-me em vão, tomei a única decisão que me restava: a de me submeter ao meu destino, sem mais recalcitrar contra a necessidade. Encontrei nessa resignação a compensação para todos os meus males, pela tranquilidade que ela me proporcionou e que não se podia aliar ao trabalho contínuo de uma resistência tão penosa quanto infrutífera.

Algo mais contribuiu para essa tranquilidade. Em todos os refinamentos de seu ódio, meus perseguidores omitiram um que sua animosidade lhes fez esquecer: o de graduar-lhe os efeitos a tal ponto que pudessem manter e renovar constantemente minhas dores, desferindo em mim sempre um novo golpe. Se houvessem tido a destreza de me deixar um vislumbre de esperança, atingir-me-iam ainda por esse meio. Poderiam ainda, com algum falso engodo, fazer de mim seu joguete, para, em seguida, contrariar-me, com um novo tormento, por minha expectativa frustrada. No entanto, esgotaram antecipadamente seus recursos – uma vez que não me deixaram nada, privaram a si mesmos de tudo. A difamação, o rebaixamento, o escárnio, o opróbrio com que me cobriram não são mais suscetíveis de aumento do que de suavização; tampouco somos capazes, eles de agravá-los e eu de me subtrair a eles.

---

16. Rousseau emprega aqui a palavra *destinée*, que, no francês, se distingue da palavra *destin*. Esta designa a fatalidade, aquilo a que o ser humano está irremediavelmente destinado, ao passo que *destinée* pode ter relação com o conjunto de acontecimentos contingentes que compõem a vida de um ser humano, sendo resultantes de fenômenos alheios à sua vontade, mas suscetíveis de modificação por parte de quem os sofre. Não obstante, *destinée* e *destin* são frequentemente empregados como sinônimos. Aqui, Rousseau emprega ambas as palavras, aparentemente de maneira indistinta. Nesse sentido, a palavra "destino" será empregada na tradução dos dois termos. (N.T.)

Apressaram-se tanto em levar ao cúmulo a medida de minha miséria que todo o poder humano, auxiliado por todas as astúcias do inferno, não teria mais nada a acrescentar. A própria dor física, em vez de aumentar meu sofrimento, me distrairia; ao arrancar-me gritos, talvez me poupasse das lamúrias, e os dilaceramentos de meu corpo suspendessem os de meu coração.

    O que ainda tenho a temer de sua parte, já tendo tudo sido feito? Como não seria mais possível piorar meu estado, não poderiam mais me alarmar. A inquietude e o pavor são males dos quais eles me livraram de uma vez por todas: é sempre um alívio. Os males reais têm sobre mim pouco poder; resigno-me facilmente com aqueles por quem sofro, mas não com aqueles de quem temo. Minha imaginação amedrontada os combina, revira-os, estende-os e aumenta-os. A espera por eles me atormenta cem vezes mais do que sua presença, e a ameaça me é mais terrível do que o golpe. Logo que chegam, o acontecimento, privando-os de tudo que tinham de imaginário, os reduz a seu justo valor. Encontro-os então muito menores do que os imaginara; e, mesmo em meio a meu sofrimento, não deixo de me sentir aliviado. Neste estado, emancipado de qualquer novo temor e livre da inquietude da esperança, o hábito bastará para tornar, dia após dia, mais suportável uma situação que não tem como piorar. E, à medida que o sentimento se enfraquece, eles não terão outros meios de reanimá-lo. Aí está o bem que me fizeram meus perseguidores, ao esgotarem desmedidamente todos os recursos de sua animosidade: privaram-se de todo o império sobre mim, então pude a partir disso desprezá-los.

    Não faz sequer dois meses que uma tranquilidade plena se restabeleceu em meu coração. Há muito que já não temia mais nada, mas ainda esperava, e tal esperança, ora instigada ora frustrada, era uma via pela qual mil paixões diferentes não cessavam de me agitar. Um acontecimento tão triste quanto imprevisto finalmente apagou de meu coração esse fraco raio de esperança e me fez ver meu destino irremediavelmente fixado nesta terra. Desde então, resignei-me sem reserva e reencontrei a paz.

    Logo que comecei a entrever a trama em toda sua extensão, perdi para sempre a ideia de, ainda em vida, trazer de volta o público para o meu lado. Mesmo esse retorno, não podendo mais ser recíproco, me seria doravante bastante inútil. Por mais que voltassem a mim, os homens não me encontrariam mais. Com o desdém que me inspiraram, o convívio me seria insípido e até mesmo custoso, e estou cem vezes mais feliz em minha solidão do que poderia me sentir vivendo com eles. Arrancaram de meu coração todas as doçuras da sociedade. Na minha idade, elas não poderiam germinar novamente; é tarde demais. Quer me façam bem ou mal daqui para frente, tudo, vindo da parte deles, me é indiferente, e por isso meus contemporâneos nunca significarão nada para mim.

Por outro lado, eu ainda contava com o futuro e esperava que uma geração melhor, examinando melhor os juízos por esta formulados a meu respeito e sua conduta em relação a mim, desvendaria facilmente o artifício daqueles que a dirigem e me veria finalmente tal como sou. Foi essa esperança que me fez escrever *Diálogos*[17] e que me sugeriu loucas tentativas para deixá-los para a posteridade. Essa esperança, embora distante, mantinha minha alma na mesma agitação de quando eu ainda buscava na vida mundana um coração justo; e minhas esperanças, por mais que eu as atirasse para longe, também faziam de mim o joguete dos homens de hoje. Assinalei meus *Diálogos* em que eu baseava essa expectativa. Estava enganado. Felizmente, percebi-o a tempo de ainda encontrar, em minha última hora, um intervalo de plena quietude e de repouso absoluto. Esse intervalo iniciou-se na época de que falo, e tenho motivos para acreditar que não será mais interrompido.

Transcorrem pouquíssimos dias sem que novas reflexões confirmem quanto eu estava enganado ao contar com o retorno do público, mesmo em outra época, já que é conduzido, no que me diz respeito, por guias que se renovam constantemente nas corporações que tomaram aversão por mim. Os particulares morrem, mas os corpos coletivos não. As mesmas paixões neles se perpetuam, e seu ódio ardente, imortal como o demônio que o inspira, continua em atividade. Quando

---

17. Trata-se de *Rousseau juge de Jean-Jacques* ("Rousseau, juiz de Jean-Jacques"). Escrita entre 1772 e 1776, a autobiografia é composta na forma de diálogos, travados entre Rousseau e um francês, a respeito do próprio filósofo e de sua obra. O texto, produzido após a incompreensão gerada pelas *Confissões*, procurava contrapor o verdadeiro Rousseau ("Jean-Jacques") ao falso Rousseau fabricado por seus detratores. (N.T.)

todos os meus inimigos particulares estiverem mortos, os médicos,[18] os Oratorianos,[19] ainda viverão; e quando eu tiver por perseguidores apenas essas duas corporações, com certeza não darão mais paz à minha memória após a minha morte do que deram à minha pessoa durante a minha vida. Talvez, pelo decurso do tempo, os médicos a quem realmente ofendi pudessem se acalmar. Por outro lado, os Oratorianos, que eu amava, que estimava, em quem tinha toda a confiança e que nunca ofendia, os Oratorianos, pessoas dedicadas à Igreja e semimonges, serão para sempre implacáveis: sua própria iniquidade faz meu crime, o qual seu amor-próprio nunca perdoará. Já o público, cuja animosidade terão o cuidado de continuamente manter e reavivar, não se tranquilizará mais do que eles.

Tudo está acabado para mim na Terra. Não podem mais fazer-me bem nem mal. Não me resta mais nada a esperar nem a temer, e eis que me encontro tranquilo no fundo do abismo, um pobre mortal desafortunado, mas impassível como o próprio Deus.

Tudo que é exterior a mim me é agora estranho. Não tenho mais neste mundo nem próximo, nem semelhantes, nem irmãos. Encontro-me na Terra assim como num planeta estrangeiro, no qual eu teria caído daquele que habitava. Se reconheço algo ao meu redor, são apenas objetos aflitivos e dilacerantes para o meu coração, e não posso direcionar os olhos para o que me toca e para o que me cerca sem encontrar um objeto de desdém que me indigne ou um objeto de dor que me aflija. Afastemos, portanto, de meu espírito todos os penosos objetos dos quais eu me ocuparia dolorosa e inutilmente. Solitário para o resto de minha

---

18. Em *Emílio*, Rousseau teceu severas críticas à medicina e àqueles que a praticavam. Cf., por exemplo, *Emílio ou Da educação*; tradução de Laurent de Saes. São Paulo: Edipro, 2017, p. 61-63. (N.T.)

19. A Sociedade do Oratório de Jesus, também chamada Oratório de França, é uma sociedade de vida apostólica de direito pontifical, fundada em 11 de novembro de 1611, com o objetivo de elevar o nível religioso, espiritual e moral do clero francês, dedicando-se particularmente ao ensino. Rousseau frequentou, por algum tempo, a comunidade oratoriana de Montmorency, na qual foi bem acolhido e encontrou um espaço para a reflexão filosófica. Com efeito, muitos oratorianos participaram dos grandes debates de ideias do Século das Luzes. Em *Emílio*, Rousseau fez uma dedicatória aos oratorianos de Montmorency. Perseguido, porém, pelas ideias religiosas expostas nesse tratado de educação, o filósofo se voltou contra os oratorianos, por quem se sentia traído. (N.T.)

vida, pois encontro apenas em mim o consolo, a esperança e a paz, não devo nem desejo mais me ocupar de outra coisa senão de mim mesmo. É neste estado que retomo a sequência do exame severo e sincero a que chamei no passado minhas *Confissões*.[20] Dedico meus últimos dias a estudar a mim mesmo e a preparar de antemão as contas que não tardarei a prestar a meu respeito. Entrego-me inteiramente à doçura de conversar com a minha alma, pois é a única de que os homens não me podem privar. Se, à força de refletir sobre minhas disposições interiores, eu conseguir ordená-las melhor e corrigir o mal que pode nelas restar, minhas meditações não serão inteiramente inúteis, e embora eu não sirva para mais nada na Terra, não terei desperdiçado inteiramente meus últimos dias. O lazer de minhas caminhadas diárias foi frequentemente preenchido por contemplações encantadoras, cuja lembrança lamento ter perdido. Fixarei pela escrita as que ainda puderem chegar a mim; toda vez que as reler, reencontrarei o mesmo prazer. Esquecerei meus infortúnios, meus perseguidores, meus opróbrios, pensando no prêmio que meu coração merecera.

Estas folhas serão propriamente apenas um informe diário de meus devaneios. Muito se dirá a meu respeito, pois um solitário que reflete se ocupa necessariamente de si mesmo. De resto, todas as ideias estranhas que me passam pela cabeça quando caminho também encontrarão nele seu lugar. Direi o que pensei assim como me veio à mente, e com tão pouca conexão com as ideias da véspera quanto com as do dia seguinte. Disso resultará, porém, sempre um novo conhecimento de meu natural e de meu humor pelos sentimentos e pelos pensamentos, dos quais meu espírito se alimenta diariamente no estranho estado em que me encontro. Estas folhas podem, portanto, ser vistas como um apêndice de minhas *Confissões*, mas já não lhes dou mais esse título, não encontrando mais nada a dizer que possa merecê-lo. Meu coração se purificou no cadinho

---

20. Autobiografia de Rousseau, cobrindo os 53 primeiros anos de sua vida, de 1712 a 1765. Publicadas postumamente em duas partes, em 1782 e 1789, as *Confissões* já haviam sido expostas ao público por meio de leituras feitas pelo próprio autor. Rousseau buscava compor um retrato sincero, humilde e positivo de si próprio. Paradoxalmente, não há na obra verdadeira "confissão", em seu sentido religioso, visto que Rousseau não manifesta propriamente remorso ou arrependimento; ao julgar-se, busca, antes, justificar-se como uma vítima das circunstâncias. (N.T.)

da adversidade, e, sondando-o com cuidado, encontro, quando muito, algum resto de inclinação repreensível. Que teria eu ainda a confessar quando todas as afeições terrenas foram dele arrancadas? Não tenho por que me louvar nem por que me condenar: sou hoje inexistente entre os homens, e isso é tudo que posso ser, não tendo mais com eles relação real ou verdadeiro convívio; não podendo mais fazer nenhum bem que não se converta em mal; não podendo mais agir sem prejudicar a outrem ou a mim mesmo. Abster-me tornou-se meu único dever, e cumpro-o na medida de minhas possibilidades. Mas, nesta ociosidade do corpo, minha mente ainda se encontra ativa, ainda produz sentimentos, pensamentos, e sua vida interna e moral parece ainda ter se ampliado pela morte de todo o interesse terreno e temporal. Meu corpo não é mais para mim senão um embaraço, um obstáculo, e me desprendo antecipadamente dele tanto quanto posso.

 Uma situação a tal ponto singular seguramente merece ser examinada e descrita, e é a esse exame que dedico meus últimos momentos de lazer. Para ser bem-sucedido nisso, deveria proceder com ordem e método; no entanto, sou incapaz de tal trabalho e ele me afastaria até mesmo de meu objetivo: perceber as modificações de minha alma e seus encadeamentos. Farei em mim mesmo, em qualquer aspecto, as operações que fazem os físicos sobre o ar para conhecer-lhe o estado diário. Aplicarei o barômetro à minha alma, e tais operações, bem dirigidas e por muito tempo repetidas, poderiam me fornecer resultados tão seguros quanto os deles. Não estendo, porém, a tal ponto minha empresa. Contentar-me-ei em manter o registro das operações, sem reduzi-las a um sistema. Conduzo a mesma empresa que Montaigne, mas com um objetivo inteiramente contrário: se ele escrevia seus *Ensaios* apenas para os outros, escrevo meus devaneios apenas para mim. Se, em meus dias de velhice, à proximidade da partida, eu permanecer, como espero, com a mesma disposição em que me encontro, sua leitura me relembrará a doçura que provo ao escrever. Portanto, fazendo renascer o tempo passado, ela duplicará, por assim dizer, minha existência. A despeito dos homens, poderei provar ainda o encanto da sociedade e, decrépito, viverei comigo mesmo numa outra idade, assim como eu viveria com um amigo menos velho.

 Eu escrevia minhas primeiras *Confissões* e meus *Diálogos* numa preocupação contínua quanto aos meios de desviá-los das gananciosas mãos de meus perseguidores para transmiti-los, se possível, a outras gerações. A mesma inquietude não me atormenta mais para este texto, sei que seria inútil; e o desejo de tornar-me mais conhecido pelos homens, tendo-se apagado de meu coração, deixa nele apenas uma indiferença profunda quanto à sorte de meus verdadeiros escritos e dos monumentos de minha inocência, que talvez já tenham sido todos aniquilados para sempre. Que espreitem o que faço, que se preocupem com estas folhas, que as apreendam, que as suprimam, que as falsifiquem, tudo isso me é agora indiferente. Não as escondo nem as mostro. Se as tomarem enquanto eu ainda estiver vivo, não me privarão nem do prazer de tê-las escrito, nem da lembrança de seu conteúdo, nem das meditações solitárias das quais são o fruto e cuja fonte não pode se esgotar senão com minha alma. Se, desde minhas primeiras calamidades, eu tivesse sabido não me insurgir contra o meu destino e se tivesse tomado o partido que tomo hoje, todos os esforços dos homens, todas as suas abomináveis intrigas teriam permanecido sem efeito sobre mim, e eles não teriam perturbado mais meu repouso com todas as suas tramas do que podem perturbá-lo hoje com todos os seus sucessos; que gozem à vontade de meu opróbrio, não me impedirão de gozar de minha inocência e de terminar, a despeito deles, meus dias em paz.

SEGUNDA CAMINHADA

Tendo, pois, formado o projeto de descrever o estado habitual de minha alma na mais estranha posição em que jamais possa encontrar-se um mortal, não descobri maneira mais simples e mais segura de executar tal empresa do que manter um registro fiel de minhas caminhadas solitárias e dos devaneios que as preenchem, quando deixo minha mente inteiramente livre e minhas ideias seguirem sua inclinação sem resistência e sem embaraço. Essas horas de solidão e de meditação são as únicas do dia em que sou eu mesmo e me pertenço sem distração e sem obstáculo, e nas quais posso verdadeiramente dizer que sou o que a natureza desejou.

Logo senti que tardei demais a executar esse projeto. Minha imaginação, já menos viva, não se exalta mais como no passado pela contemplação do objeto que a anima; inebrio-me menos com o delírio do devaneio. Há mais reminiscência do que criação no que ela hoje produz; um tépido langor enfraquece todas as minhas faculdades; meu espírito de vida se apaga gradualmente; minha alma não se projeta mais senão com dificuldade para fora de seu caduco invólucro; e sem a esperança do estado a que aspiro, pois sinto ter direito a ele, eu não existiria mais senão por recordações. Assim, para contemplar a mim mesmo antes de meu declínio, preciso remontar, pelo menos, alguns anos, quando, perdendo qualquer esperança neste mundo e não encontrando mais alimento para meu coração sobre a terra, pouco a pouco eu o nutria com sua própria substância e procurava todo seu pasto dentro de mim.

Esse recurso, do qual tomei conhecimento demasiado tarde, tornou-se tão fecundo que logo bastou para me compensar por tudo. O hábito de refletir sobre mim mesmo finalmente me fez perder o sentimento e quase a recordação de meus males; descobri, assim, por minha própria experiência, que a fonte da verdadeira felicidade está em nós e que não depende dos homens tornar realmente miserável aquele que sabe querer ser feliz. Quatro ou cinco anos atrás eu experimentava essas delícias internas, que, na contemplação, as almas afetuosas e doces encontram. Esses arrebatamentos, esses êxtases, que eu por vezes sentia ao caminhar assim, sozinho, eram prazeres que devia a meus perseguidores: sem eles, jamais teria encontrado ou conhecido os tesouros que carregava em mim mesmo. Em meio a tantas riquezas, como manter delas um registro fiel? Desejando recordar tantos doces devaneios, em vez de descrevê-los, eu tornava a cair neles. É um estado que a lembrança traz de volta, e que logo deixaríamos de conhecer e de senti-lo.

Eu sentia esse efeito nas caminhadas que sucederam ao projeto de escrever a sequência de minhas *Confissões*, sobretudo naquela sobre a qual falarei e na qual um acidente imprevisto veio a romper minha linha de raciocínio e a lhe dar, por algum tempo, outro curso.

Na quinta-feira, 24 de outubro de 1776, após o jantar, segui pelos bulevares até a rua do Chemin-Vert,[21] por onde alcancei as colinas de Ménilmontant,[22] e, de lá, seguindo pelas veredas através das vinhas e das pradarias, atravessei até Charonne a aprazível paisagem que separa essas duas aldeias. Fiz, então, um desvio para retornar por essas mesmas pradarias, mas tomando outro caminho. Divertia-me percorrê-las com o prazer e o interesse que sempre me proporcionaram os sítios agradáveis, detendo-me por vezes para observar as plantas na vegetação. Avistei duas que raramente via no entorno de Paris e que encontrei muito abundantes naquele trecho. Uma delas é a *Picris hieracioides*, da família das compostas, e a outra, o *Bupleurum falcatum*, da família das umbelíferas. Essa descoberta alegrou-me e enteteve-me por muito tempo, e levou à de outra planta ainda mais rara, sobretudo numa região elevada, a saber, o *Cerastium aquaticum*, que, a despeito do acidente que sofri no mesmo dia, reencontrei num livro que tinha comigo e guardara em meu herbário.

Finalmente, após ter examinado, em detalhes, várias outras plantas que via ainda em flor e cujo aspecto e enumeração, embora familiares, ainda me davam prazer, deixei aos poucos essas miúdas observações para entregar-me à impressão, não menos agradável, mas mais como-

---

21. Rua sinuosa que conduzia a Ménilmontant. A partir de 1868, ela incorporou a rue des Amandiers-Popincourt, situando-se no 11º distrito da capital francesa. (N.T.)
22. Naquela época, Ménilmontant (ou Ménil-montant, como escreve Rousseau) era uma vila da periferia de Paris. Em 1860, foi anexada à capital, tornando-se um de seus distritos. (N.T.)

vente, que deixava em mim o conjunto de tudo aquilo. Havia alguns dias se encerrara a vindima; os caminhantes da cidade já tinham se retirado; os camponeses também deixavam as terras até os trabalhos de inverno. O campo – ainda verde e ridente, mas desfolhado e já quase deserto – oferecia por todo lado a imagem da solidão e da proximidade da estação fria. Resultava de seu aspecto uma mistura de impressão doce e triste, demasiado análoga à minha idade e à minha sorte para que eu não a aplicasse a mim. Eu me via no declínio de uma vida inocente e desafortunada, com a alma ainda repleta de sentimentos vivazes e o espírito ainda ornamentado de algumas flores, já murchas pela tristeza e ressecadas pelos dissabores. Sozinho e desprezado, sentia chegar o frio das primeiras geadas, e minha imaginação, exaurindo-se, não mais preenchia minha solidão com seres formados de acordo com meu coração. Eu me dizia, suspirando: o que fiz neste mundo? Era feito para viver – e morro sem ter vivido. Ao menos, não foi por minha culpa, e levarei ao Autor de meu ser, senão a oferenda das boas obras que não me deixaram fazer, pelo menos um tributo de boas intenções frustradas, de sentimentos sãos – ainda que privados de efeito – e de uma paciência à prova dos desprezos dos homens. Enternecia-me com essas reflexões, recapitulava os movimentos de minha alma, desde minha juventude e durante minha idade madura, e desde que me sequestraram da sociedade dos homens e durante o longo retiro em que devo terminar meus dias. Eu revisitava com complacência todas as afeições de meu coração, seus afetos tão ternos e ao mesmo tempo tão cegos, as ideias menos tristes do que consoladoras das quais meu espírito se alimentava há alguns anos, e me preparava para relembrá-las o suficiente e descrevê-las com um prazer quase equivalente àquele que sentira no momento em que me entreguei a elas. Minha tarde transcorreu nessas tranquilas meditações, e delas retornava muito satisfeito de minha jornada. De repente, no auge de meu devaneio, fui dele arrancado pelo acontecimento que me resta relatar.

Encontrava-me, por volta das seis horas, na descida de Ménilmontant, quase em frente ao Galante Jardineiro,[23] quando, afastando-se

---

23. Em francês, *Le Galant Jardinier*. Era um cabaré – ou, mais precisamente, uma *guinguette* – situado entre o campo e a cidade de Paris. Havia muitos cabarés instalados fora dos limites da cidade, onde o vinho tinha uma carga tributária menor e era, portanto, menos caro. (N.T.)

bruscamente as pessoas que andavam à minha frente, vi lançar-se na minha direção um grande cão dinamarquês, que, precipitando-se a toda velocidade à frente de uma carruagem, não teve sequer tempo de deter sua corrida ou de desviar-se ao me notar. Julguei que a única forma que tinha de evitar ser atirado ao chão consistia em dar um salto, tão preciso que o cão passaria por baixo enquanto eu estivesse no ar. Essa ideia, mais rápida que um relâmpago e que não tive tempo nem de avaliar nem de executar, foi a última a atravessar minha mente antes do acidente. Não senti nem o golpe nem a queda, nem nada do que sucedeu até o momento em que voltei a mim.

Era quase noite quando recobrei a consciência. Estava entre os braços de três ou quatro jovens que me relataram o que acabara de me acontecer. Não conseguindo conter seu impulso, o cão dinamarquês se chocara contra minhas pernas e, por conta de sua massa e sua velocidade, me derrubara para a frente: o maxilar superior, suportando todo o peso de meu corpo, colidira com um pavimento muito rugoso, e a queda havia sido tão violenta que, na descida, minha cabeça se encontrava abaixo de meus pés.

A carruagem à qual o cão pertencia seguiu imediatamente e teria passado por cima de meu corpo se o cocheiro não tivesse retido seus cavalos. Eis o que soube pelo relato daqueles que me reergueram e que ainda me sustentavam quando voltei a mim. Meu estado naquele instante é demasiado singular para não descrevê-lo aqui.

A noite avançava. Percebi o céu, algumas estrelas e um pouco de vegetação. Essa primeira sensação foi um momento delicioso. Não havia mais nada além disso. Nascia naquele instante para a vida, e parecia que eu preenchia, com minha tênue existência, todos os objetos que percebia. Completamente voltado para o momento presente, não me lembrava de nada; não tinha nenhuma noção distinta de meu indivíduo, a menor ideia do que acabava de me acontecer. Não sabia nem quem eu era nem onde estava; não sentia nem dor, nem temor, nem inquietude. Via escorrer o sangue, assim como teria visto correr um riacho, sem sequer imaginar que aquele sangue de alguma forma era meu. Sentia em todo o meu ser uma calma encantadora à qual, toda vez que me recordo dela, não encontro nada de comparável em toda a atividade dos prazeres conhecidos.

Perguntaram onde eu morava; foi-me impossível dizê-lo. Perguntei onde estava. Responderam: "Na Haute-Borne".[24] Era como se tivessem dito "No monte Atlas". Foi preciso questionar sucessivamente o país, a cidade e o bairro em que me encontrava, mas mesmo isso não bastou para me reconhecer. Foi preciso percorrer todo o trajeto até o bulevar para que eu conseguisse me lembrar de minha residência e de meu nome. Um senhor desconhecido que teve a caridade de me acompanhar por algum tempo, descobrindo quão longe eu morava, aconselhou-me a tomar um fiacre[25] no Temple[26] para que encontrasse o caminho de casa. Eu conseguia andar muito bem, muito rápido, sem sentir dor ou lesão, embora ainda expelisse muito sangue. Sentia, porém, um arrepio glacial que fazia rangerem de maneira muito incômoda meus dentes despedaçados. Chegando ao Temple, pensei que, na medida em que andava sem dificuldade, era melhor continuar meu trajeto assim, a pé, do que expor-me a morrer de frio num fiacre. Percorri assim a meia légua que separa o Temple da rue Plâtrière,[27] andando sem dificuldade, evitando os obstáculos, os carros, escolhendo e seguindo meu caminho tão bem quanto poderia tê-lo feito em plena saúde. Cheguei, abri o segredo da fechadura que mandaram colocar na porta da rua, subi as escadas na escuridão e entrei finalmente em meu lar sem outro acidente além da queda e suas consequências, as quais eu nem mesmo percebia ainda.

Os gritos de minha esposa ao me ver me fizeram compreender que eu estava pior do que pensava. Passei a noite sem ainda perceber minhas lesões. Eis o que senti e constatei no dia seguinte: o lábio superior estava rachado por dentro até o nariz; por fora, a pele o protegera melhor

---

24. Haute-Borne era o nome de uma rua e de um distrito situado na continuação da rue de Ménilmontant. (N.T.)
25. Carruagem de aluguel. (N.T.)
26. Um bairro histórico de Paris, situado hoje no 3º distrito. Deve seu nome à Maison du Temple, sede da Ordem dos Templários, construída no século XIII. Posteriormente, o lugar, mais especificamente sua Torre, foi convertido numa prisão, onde, aliás, ficou encarcerada a família real durante a Revolução Francesa, entre 1792 e 1795. No bairro, encontrava-se também o Carreau du Temple, local onde funcionava um importante mercado, frequentado por milhares de pessoas. (N.T.)
27. Rua onde Rousseau morou entre 1770 e 1778 e que foi rebatizada, em 1791, rue Jean-Jacques Rousseau. (N.T.)

e impedira a total separação; quatro dentes enterrados no maxilar superior; toda a parte do rosto que o cobre estava bastante inchada e contundida; o polegar direito torcido e muito dilatado; o polegar esquerdo gravemente ferido; o braço esquerdo torcido; o joelho esquerdo também muito inchado e impedido de articular-se em razão de uma forte e dolorosa contusão. Mas, mesmo com todo esse bulício, nada estava quebrado, nem mesmo um dente, felicidade que constitui um prodígio numa queda como aquela.

Aí está, muito fielmente contada, a história de meu acidente. Em poucos dias, essa história se difundiu em Paris, de tal forma transformada e desfigurada que se tornou impossível reconhecê-la. Eu deveria ter contado de antemão com essa metamorfose, mas juntaram-se ao acontecimento tantas circunstâncias estranhas, tantas palavras obscuras e reticências a acompanharam, falavam-me a respeito com um ar tão risivelmente discreto, que todos esses mistérios me inquietaram. Sempre odiei as trevas, inspiram-me naturalmente um horror que aquelas que me cercam há tantos anos não devem ter diminuído. Entre todas as singularidades dessa época, assinalarei apenas uma, mas suficiente para que se apreciem as demais.

O senhor *** [sr. Lenoir, tenente-geral de polícia[28]], com quem eu nunca tivera relação alguma, enviou seu secretário para que se informasse a meu respeito e me fizesse pertinazes ofertas de serviços que não me pareceram, naquelas circunstâncias, muito úteis para minha recuperação. O secretário me pressionou bastante a aproveitar suas propostas, a ponto de dizer que, se não confiasse nele, eu poderia escrever diretamente ao senhor *** [Lenoir]. Essa solicitude e o ar de confidência que ele infligiu me fizeram compreender que havia, por trás disso tudo, algum mistério que eu procurava em vão desvendar. Não era preciso muito para me assustar, ainda mais no estado de agitação em que meu acidente e a febre que o acompanhara tinham colocado minha cabeça. Entregava-me a mil conjeturas inquietantes e tristes, e

---

28. Jean-Charles-Pierre Lenoir (1732-1807), que, na condição de tenente-geral de polícia (primeiro magistrado encarregado do exercício da "polícia", com funções extremamente amplas), procurou pôr em prática ideias modernizadoras e higienistas, tomando medidas em favor da salubridade pública, da prevenção de incêndios e do abastecimento público. (N.T.)

fazia, sobre tudo que ocorria à minha volta, comentários que expressavam mais o delírio da febre do que o sangue-frio de um homem que não nutre interesse por mais nada.

Outro acontecimento também perturbou minha tranquilidade. A senhora *** [d'Ormoy[29]] me cortejava havia alguns anos, sem que eu pudesse adivinhar por quê. Pequenos presentes afetados e frequentes visitas sem motivo e sem prazer indicavam um propósito, mas não o revelavam. Comentara sobre um romance que queria escrever para oferecer à Rainha.[30] Eu lhe dissera o que pensava de mulheres autoras. Ela explicou que esse projeto na verdade tinha por objetivo o restabelecimento de sua fortuna, para o qual necessitava de proteção; eu nada respondi. Então, disse que, como não obteve acesso à Rainha, estava determinada a oferecer seu livro ao público. Não era mais o caso de dar-lhe conselhos que ela não pedia, e que não teria seguido. Falara em mostrar-me primeiramente o manuscrito. Supliquei-lhe que não fizesse nada com ele, e nada fez.

Um belo dia, durante minha convalescença, recebi de sua parte esse livro impresso e até mesmo encadernado, e vi, no prefácio, elogios tão grosseiros a mim, tão enfadonhamente lançados e com tanta afetação que me vi desagradavelmente incomodado. A rude bajulação que nele se fazia sentir nunca se aliou à benevolência; meu coração não poderia se enganar mais a esse respeito.

Alguns dias depois, a senhora *** [d'Ormoy] veio me ver com sua filha. Contou que seu livro causava o maior ruído, em razão de uma nota que o atraía; eu mal observara essa nota ao folhear o romance. Reli-a após sua partida; examinei-lhe a composição, acreditei encontrar nela o motivo de suas visitas, de suas adulações, dos grosseiros elogios de seu prefácio, e julguei que tudo isso não tinha outro objetivo senão o de predispor o público a atribuir-me a nota e, por conseguinte,

---

29. Charlotte-Chaumet d'Ormoy (1732-1791), escritora que, ao dedicar-se à literatura, consumiu grande parte de sua fortuna. Seu objetivo, dizia, era, por meio de suas obras, obter os favores de poderosos protetores, a fim de melhorar sua condição. (N.T.)
30. O romance em questão é *Les Malheurs de la jeune* Émilie: *pour servir d'instruction aux âmes vertueuses et sensibles* [Os infortúnios da jovem Emília: para servir de instrução às almas virtuosas e sensíveis], publicado em 1777. (N.T.)

a desaprovação que ela podia atrair para seu autor, na circunstância em que era publicada.[31]

Eu não tinha como destruir esse rumor e a impressão que ele podia deixar, e tudo que eu podia fazer era não alimentá-lo, tolerando a continuação das vãs e ostensivas visitas da senhora *** [d'Ormoy] e de sua filha. Eis, para esse efeito, o bilhete que escrevi à mulher: "Rousseau, não recebendo em seu lar nenhum autor, agradece à senhora *** [d'Ormoy] por suas bondades e lhe pede que nunca mais o honre com suas visitas."

Ela respondera com uma carta conveniente na forma, mas formulada como todas aquelas que me são escritas em semelhante caso. Eu cravara barbaramente o punhal em seu coração sensível, e devia acreditar, pelo tom de sua carta, que, nutrindo por mim sentimentos tão intensos e tão verdadeiros, ela não suportaria sem morrer tal ruptura. É assim que a retidão e a franqueza constituem crimes terríveis no mundo; e eu pareceria, aos meus contemporâneos, mau e feroz, ainda que não tivesse, aos seus olhos, cometido outro crime além do de não ser falso e pérfido como eles.

Eu já tinha saído diversas vezes e caminhava com bastante frequência nas Tulherias,[32] quando percebi, para o espanto daqueles que me encontravam, que ainda havia a meu respeito outra novidade que eu ignorava. Descobri finalmente que o rumor público era que eu morrera em decorrência de minha queda; e esse rumor se espalhou tão rápida e persistentemente que, mais de quinze dias após ter sido instruído sobre ele, falaram a respeito na Corte como sendo algo certo. O *Courrier d'Avignon*, que teve o cuidado de me escrever ao anunciar essa feliz novidade, não deixou de antecipar, por essa ocasião, o tributo de ultrajes

---

31. A nota em questão foi publicada apenas em uma edição da obra, conservada no setor de obras raras da Biblioteca Nacional da França, em Paris. A nota discorria sobre a situação de um homem muito pobre, incapaz de alimentar-se, mas obrigado, assim mesmo, a pagar tributos ao rei. Além de criticar os coletores de impostos da época, o texto acusava a realeza de desconhecer todo o mal que se fazia em seu nome. (N.T.)

32. Jardim das Tulherias, parque parisiense criado no século XVI. Aberto ao público, o espaço funcionava como o jardim do Palácio das Tulherias, antiga residência de monarcas franceses. O prédio foi consumido por um incêndio em 1871. (N.T.)

e de indignidades que era preparado em minha memória sob a forma de oração fúnebre.[33]

Essa novidade veio acompanhada de uma circunstância ainda mais singular, que descobri por acaso e da qual não pude obter nenhum detalhe. Abriram uma subscrição para a impressão dos manuscritos que fossem encontrados em meu lar. Entendi com isso que se mantinha pronta uma compilação de escritos intencionalmente fabricados para me serem atribuídos logo após minha morte: pensar que se imprimiria fielmente algum dos que poderiam ser encontrados era uma tolice que não podia entrar na mente de um homem sensato e da qual quinze anos de experiência me protegeram até em demasia.

Tais observações, seguidas de muitas outras que não eram menos surpreendentes, assustaram novamente minha imaginação, que eu acreditava esmorecida. E essas trevas que se reforçavam ao meu redor reanimaram todo o horror que naturalmente me inspiram. Cansei de fazer sobre tudo isso mil comentários e de procurar compreender mistérios inexplicáveis para mim. O único resultado constante de tantos enigmas foi a confirmação de todas as minhas conclusões precedentes, a saber: o destino de minha pessoa e de minha reputação havia sido fixado de comum acordo por toda a geração; nenhum esforço de minha parte poderia subtrair-me a eles, pois para mim tornou-se uma impossibilidade absoluta transmitir qualquer legado a outras épocas sem fazê-lo passar, nesta, por mãos interessadas em suprimi-lo.

Mas, desta vez, fui mais longe. O acúmulo de tantas circunstâncias fortuitas, a elevação de todos os meus mais cruéis inimigos, afetada, por assim dizer, pela fortuna, todos aqueles que governam o Estado, todos aqueles que dirigem a opinião pública, todas as autoridades, todos os homens influentes escolhidos com muito cuidado entre aqueles que têm contra mim alguma animosidade secreta para formar um complô

---

33. O artigo do periódico *Courrier d'Avignon* de 20 de dezembro de 1776 (edição 102) trazia as seguintes palavras: "O sr. J.-J. Rousseau morreu das consequências de sua queda. Viveu pobre, morreu miseravelmente, e a singularidade de seu destino o acompanhou até o túmulo. Estamos desolados por não podermos falar dos talentos desse escritor eloquente: nossos leitores devem sentir que o abuso com que os empregou nos impõe aqui o mais rigoroso silêncio. É caso para acreditar que o público não será privado de sua vida e que se encontrará até o nome do cão que o matou." Disponível em: http://gazetier-universel.gazettes18e.fr/numero/courrier-davignon/261-22. Acesso em: 20 jul. 2017. (N.T.)

comum, esse acordo universal é demasiado extraordinário para ser puramente fortuito. Um único homem que se recusasse a fazer parte dele, um único acontecimento que lhe tivesse sido contrário, uma única circunstância imprevista que lhe servisse de obstáculo, bastavam para que esse acordo fracassasse. Mas todas as vontades, todas as fatalidades, a fortuna e todas as revoluções consolidaram a obra dos homens; e um concurso notável a ponto de constituir um prodígio não pode me deixar duvidar de que seu pleno sucesso esteja escrito nos decretos eternos. Amontoados de observações particulares, quer no passado, quer no presente, me confortam a tal ponto nessa opinião que não posso me impedir de encarar doravante como um desses segredos do céu, impenetráveis à razão humana, a mesma obra que, até aqui, eu concebia apenas como fruto da maldade dos homens.

Essa ideia, longe de ser cruel e dilacerante, me consola, me tranquiliza e me ajuda a resignar-me. Não vou tão longe quanto Santo Agostinho, que se teria consolado com sua própria danação, caso essa tivesse sido a vontade de Deus. Minha resignação vem de uma fonte menos desinteressada, é verdade, mas não menos pura e mais digna, para meu gosto, do Ser perfeito que adoro.

Deus é justo; quer que eu sofra; e sabe que sou inocente. Eis o motivo de minha confiança: meu coração e minha razão anunciam-me que ela não me enganará. Deixemos, portanto, agirem os homens e o destino, aprendamos a sofrer sem murmúrio; tudo deve, ao final, entrar na ordem, e chegará minha vez, cedo ou tarde.

TERCEIRA CAMINHADA

Envelheço aprendendo sempre muitas coisas.[34]

Sólon frequentemente repetia esse verso em sua velhice. A citação possui um sentido que eu também poderia empregar na minha; mas é uma ciência bastante triste a que, vinte anos atrás, a experiência me fez adquirir: a ignorância ainda é preferível. A adversidade certamente é um grande mestre, mas esse mestre faz pagar caro suas lições, e frequentemente o proveito que se extrai delas não vale o preço que custaram. Aliás, antes que se tenham obtido todos esses conhecimentos por meio de lições tão tardias, o propósito de utilizá-los desaparece. A juventude é a época de estudar a sabedoria; a velhice é a época de praticá-la. A experiência sempre instrui, admito, mas serve apenas para o espaço que se tem diante de si. No momento em que se deve morrer, é tempo de aprender como se deveria ter vivido?

Ah! De que me servem luzes tão tardia e dolorosamente adquiridas sobre meu destino e as paixões de outrem, das quais ele é obra? Aprendi a conhecer melhor os homens apenas para sentir melhor a miséria em que me mergulharam, sem que esse conhecimento, sempre revelando suas armadilhas, me tenha permitido evitar alguma. Ah, se eu tivesse permanecido sempre naquela imbecil mas doce confiança que me tornou, durante tantos anos, presa e joguete de meus ruidosos amigos, sem que, envolvido em todas as suas tramas, eu tivesse delas a menor suspeita! Eu era, para eles, um tolo e uma vítima, é verdade, mas acreditava ser por eles amado, e meu coração gozava da amizade que eles me tinham inspirado, atribuindo-lhes também alguma por mim. Essas doces ilusões estão destruídas. A triste verdade que o tempo e a

---

34. É possível encontrar essa citação em *Vida dos homens ilustres: Sólon*, de Plutarco (2.2 e 31.3), assim como na *República*, de Platão (536 c-d). (N.T.)

razão desvendaram para mim, de forma que eu experimentasse meu infortúnio, me fez perceber que as adversidades são irremediáveis e que me restava apenas a resignação. Assim, todas as minhas vivências têm para mim, em meu estado, nenhuma utilidade presente e nenhum proveito para o futuro.

Entramos na liça ao nascermos, saímos dela com a morte. Para que serve aprender a melhor forma de conduzir sua carruagem quando se está no fim do trajeto? Resta apenas pensar em como se sairá dela. O estudo de um velho, se ainda há algum, consiste unicamente em aprender a morrer, e é precisamente o que menos é feito na minha idade; pensa-se em tudo, exceto nisso. Todos os velhos se prendem mais à vida do que as crianças e a deixam com mais má vontade do que os jovens. É que, tendo sido todos os seus trabalhos direcionados para esta mesma vida, veem no fim que desperdiçaram seus esforços. Todos os seus cuidados, todos os seus bens, todos os frutos de suas laboriosas vigílias, tudo eles abandonam quando se vão. Não pensaram em adquirir durante a vida nada que pudessem levar após a morte.

Pensei em tudo isso quando era época de pensar, e se não pude tirar melhor proveito de minhas reflexões, não foi porque não as fiz a tempo ou porque não as digeri bem. Atirado desde a infância no turbilhão do mundo, aprendi cedo pela experiência que eu não fui feito para viver nele e que nunca alcançaria o estado de que me coração sentia necessidade. Deixando, portanto, de procurar em meio aos homens a felicidade que eu sentia não poder encontrar entre eles, minha ardente imaginação já avançava por sobre a minha vida que mal se iniciava, como se saltasse por cima de um terreno estranho para assentar-se numa situação tranquila em que eu pudesse me fixar.

Esse sentimento, alimentado desde a minha infância pela educação e reforçado, durante toda a minha vida, por esse longo tecido de infelicidades e infortúnios que a preencheu, me fez procurar, em todas as épocas, conhecer a natureza e a destinação de meu ser com mais interesse e cuidado do que encontrei em qualquer outro homem. Muitos filosofavam bem mais doutamente do que eu, mas sua filosofia lhes era, por assim dizer, estranha. Desejando ser ainda mais eruditos, estudavam o universo para descobrir como ele estava arranjado, e teriam estudado, por pura curiosidade, alguma máquina que tivessem percebido. Estudavam a natureza humana para poderem falar eruditamente a seu respeito, mas não para conhecerem a si próprios; trabalhavam para que pudessem instruir os outros, mas não para se esclarecerem internamente. Vários desejaram apenas escrever um livro, não importava qual, contanto que fosse acolhido. Uma vez que fosse escrito e publicado, seu conteúdo já não os interessava mais, senão para fazer com que os outros o adotassem e para defendê-lo caso fosse criticado, mas sem o interesse de extrair-lhe algo para seu próprio uso, sem sequer preocupar-se se o conteúdo era falso ou verdadeiro, desde que não fosse refutado. Quanto a mim, quando desejei aprender, era para adquirir conhecimento, e não para ensinar; sempre acreditei que, antes de instruir os outros, era preciso começar sabendo o suficiente para si. De tudo que estudei em minha vida entre os homens, não há nenhum estudo que eu não poderia ter feito se estivesse sozinho numa ilha deserta, na qual houvesse sido confinado para o resto de meus dias. O que devemos fazer depende muito daquilo em que devemos acreditar; em tudo que não se prende às primeiras necessidades da natureza, nossas opiniões constituem a regra de nossas ações. Seguindo esse princípio, procurei frequentemente e por muito tempo, para direcionar a utilização de minha vida, conhecer sua verdadeira finalidade, e logo me conformei com minha pouca aptidão a conduzir-me habilmente neste mundo, concluindo que não devia buscar nele essa finalidade.

Nascido numa família em que reinavam os bons costumes e a piedade, educado, depois, com doçura na casa de um ministro[35] repleto de sabedoria e de religião, a mim foram ensinados, desde minha mais tenra infância, princípios, máximas, outros diriam preconceitos, que nunca me abandonaram totalmente. Ainda criança e entregue a mim mesmo, atraído por lisonjas, seduzido pela vaidade, iludido pela esperança, forçado pela necessidade, eu me fiz católico. No entanto, permaneci cristão, e, logo vencido pelo hábito, meu coração apegou-se sinceramente à minha nova religião. As instruções, os exemplos da

---

35. Aos dez anos, Rousseau, que perdera sua mãe nove dias após seu nascimento e cujo pai tivera de deixar Genebra por razões legais, passou a ser criado por seu tio Gabriel, um pastor protestante. Em seguida, o jovem Jean-Jacques foi confiado ao pastor Lambercier, em Bossey, no sul de Genebra, onde permaneceu entre 1722 e 1724, na companhia de seu primo Abraham Bernard. (N.T.)

sra. De Warens[36] me fortaleceram nesse apego. A solidão campestre em que passei a flor de minha juventude e o estudo dos bons livros ao qual me dediquei inteiramente reforçaram, junto dela, minhas disposições naturais para os sentimentos afetuosos, e me tornaram devoto quase à maneira de Fénelon.[37] A meditação no retiro, o estudo da natureza, a contemplação do universo forçam um solitário a lançar-se incessantemente na direção do Autor das coisas e a buscar, com doce inquietude, a finalidade de tudo que vê e a causa de tudo que sente. Quando meu destino atirou-me novamente na torrente do mundo, não encontrei nele mais nada que pudesse deleitar por um momento meu coração. A lembrança de meus doces lazeres me perseguiu e lançou a indiferença e o desgosto em tudo que podia se encontrar ao meu alcance e conduzir à fortuna e às honras. Incerto de meus inquietos desejos, eu esperava pouco, obtive menos e senti, até mesmo em vislumbres de prosperidade, que, ainda que eu houvesse obtido tudo que acreditava buscar, não teria encontrado esta felicidade pela qual meu coração estava ávido, sem poder discernir-lhe o objeto. Assim, tudo contribuía para afastar minhas afeições deste mundo, antes mesmo dos infortúnios que iriam tornar-me nele absolutamente estrangeiro. Alcancei os quarenta anos flutuando entre a indigência e a prosperidade, entre a sabedoria e o desvario, repleto de vícios resultantes do hábito, sem nenhuma maldade no coração, vivendo ao acaso sem princípios bem decididos por minha razão e distraído quanto a meus deveres, sem desprezá-los mas sem conhecê-los bem. Desde a juventude, havia fixado essa idade como o termo de meus esforços para ser bem-sucedido e de pretensões de toda espécie, bastante decidido, ao atingir essa idade e em qualquer situação que me encontrasse, a não mais me debater para deixá-la e a passar o resto de meus dias vivendo um dia

---

36. Uma das personagens mais importantes da vida de Rousseau, Françoise-Louise de Warens (1699-1762) hospedou o jovem Jean-Jacques entre 1735 e 1737, tornando-se sua tutora, responsável pela educação literária, espiritual (ela o levou para o catolicismo) e sentimental do genebrino. (N.T.)

37. François de Salignac de la Mothe-Fénelon (1651-1715), filósofo e clérigo francês, autor de *As aventuras de Telêmaco* (1699). A obra causou a desgraça de seu autor – Luís XIV a interpretou como uma sátira a seu reinado –, mas exerceu considerável influência no pensamento do século XVIII. (N.T.)

após o outro, sem mais me preocupar com o futuro. Chegado o momento, executei esse projeto sem dificuldade e, embora minha fortuna parecesse querer assumir uma posição mais estável, renunciei a ela não somente sem arrependimento, mas com verdadeiro prazer. Livrando-me de todos esses engodos, de todas essas vãs esperanças, entreguei-me plenamente à incúria e ao repouso de espírito que sempre constituíram meu gosto mais dominante e minha inclinação mais durável. Deixei o mundo e suas pompas, renunciei a todos os adornos; não possuía mais espada, nem relógio, nem meias brancas, nem enfeites dourados, nem chapéu, apenas uma peruca muito simples e uma boa casaca de pano. Mais do que tudo isso: desenraizei de meu coração o desejo e a cobiça que davam valor a tudo que eu deixava. Renunciei ao lugar que então ocupava, para o qual eu não era de modo algum adequado, e me pus a copiar música recebendo por página, ocupação para a qual sempre tivera um gosto decidido.

Não limitei minha reforma às coisas externas. Senti que mesmo esta exigia outra certamente mais penosa, mas mais necessária nas opiniões. Decidido a não fazê-la em dois tempos, preferi submeter meu interior a um exame severo que o ajustasse para o resto de minha vida, tal qual eu desejava encontrá-lo no momento de minha morte.

Uma grande revolução que aconteceu em mim, outro mundo moral que se descortinava diante de meus olhos, os insensatos juízos dos homens, cuja absurdidade – sem ainda prever quanto eu seria sua vítima – eu começava a sentir, a necessidade sempre crescente de outro bem além da gloríola literária, cujo vapor, mal me tendo alcançado, já me enojava, o desejo, por fim, de traçar para o resto de minha carreira uma rota menos incerta do que aquela em que eu acabava de passar a mais bela metade dela, tudo me obrigava a essa grande inspeção, de que eu necessitava havia tanto tempo. Empreendi-a, portanto, e não negligenciei nada do que dependia de mim para executar bem tal empresa.

É daquela época que posso datar minha inteira renúncia ao mundo e este gosto intenso pela solidão, que nunca mais me abandonou. A obra que eu empreendia não podia ser executada senão num retiro absoluto, pois exigia longas e tranquilas meditações impossibilitadas pelo tumulto da sociedade. Isso me forçou a adotar, por algum tempo, outra maneira de viver, em relação à qual eu me sentia tão bem que, tendo-a interrompido desde então forçosamente e por poucos instantes, retomei-a com muito gosto e a ela me limitei sem dificuldade, tão logo pude fazê-lo; e quando, em seguida, os homens me obrigaram a viver só, descobri que, ao me sequestrarem para me tornar infeliz, eles fizeram mais pela minha felicidade do que eu mesmo.

Dediquei-me ao trabalho que empreendera com um zelo proporcional tanto à sua importância quanto à necessidade que eu tinha. Vivia então com filósofos modernos que pouco se assemelhavam aos antigos: em vez de sanar minhas dúvidas e de fixar minhas irresoluções, eles abalaram todas as certezas que eu acreditava ter sobre os pontos que mais me importava conhecer. Eles, ardentes missionários do ateísmo e imperiosíssimos dogmáticos, não suportavam sem enfurecer-se que se ousasse pensar diferente deles. Muitas vezes tentei me defender assaz fragilmente, por ódio pela disputa e pelo pouco talento para enfrentá-la, mas nunca adotei sua desoladora doutrina; e essa resistência a homens tão intolerantes, que de resto tinham suas opiniões, não foi uma das menores causas que atiçaram sua animosidade.

Não me persuadiram, mas me inquietaram; seus argumentos me abalaram sem me convencer. Nunca encontrei uma boa resposta para lhes dar, mas sentia que devia haver alguma. Acusava-me menos de erro do que de inépcia, e meu coração lhes respondia melhor do que minha razão.

Finalmente, pensei: deixar-me-ei influenciar eternamente pelos sofismas dos mais falantes, sem sequer estar certo de que as opiniões que pregam e que têm tanto ardor em fazer adotar pelos outros sejam realmente as suas? Suas paixões, que governam suas doutrinas, e seu interesse em fazer acreditar nisto ou naquilo tornam impossível compreender aquilo em que eles mesmos acreditam. Pode-se procurar boa-fé em chefes de partido? Sua filosofia é para os outros; preciso de uma para mim. Devo procurá-la com todas as minhas forças enquanto ainda é tempo, a fim de ter uma regra fixa de conduta para o restante de meus dias. Estou na maturidade da idade, com toda a força do entendimento. Já alcanço o declínio. Se esperar ainda mais, não terei, em minha deliberação tardia, o uso de todas as minhas forças; minhas faculdades intelectuais já terão perdido muito de sua atividade; farei pior o que faço hoje da melhor maneira possível: aproveitemos este momento favorável; é a época de minha reforma externa e material; que seja também a de minha reforma intelectual e moral. Devia fixar de uma vez por todas minhas opiniões, meus princípios, e ser, para o resto da vida, o que acreditava que devia ser após pensar muito a respeito.

Executei esse projeto lentamente e diversas vezes, mas com todo o esforço e com toda a atenção de que era capaz. Sentia vivamente que dele dependiam o repouso do resto de meus dias e minha sorte total. Encontrei-me inicialmente em tamanho labirinto de embaraços, dificuldades, objeções, tortuosidades e trevas que, por vinte vezes tentado a abandonar tudo, estive prestes, renunciando a buscas inúteis, a ater-me, em minhas deliberações, às regras da prudência comum, sem buscar outras em princípios que eu tinha tanta dificuldade em esmiuçar. Mas até mesmo essa prudência era tão estranha, e eu me sentia tão pouco capaz de adquiri-la, que tomá-la como guia não era outra coisa senão querer buscar, através dos mares e das tempestades, sem leme, sem bússola, um fanal quase inacessível e que não me indicava nenhum porto.

Persisti: pela primeira vez na vida, tive coragem, e pude sustentar o horrível destino que, desde então, começava a me envolver, sem que eu tivesse a menor suspeita. Após as mais ardentes e mais sinceras buscas que talvez jamais tivessem sido feitas por algum mortal, resolvi-me por toda a minha vida sobre todos os sentimentos que me importava possuir; e se me enganei quanto aos meus resultados, estou certo, pelo menos, de que meu erro não pode ser imputado como crime, pois empreendi todos os esforços para evitá-lo. Não duvido, é verdade, de que os preconceitos da infância e os desejos secretos de meu coração tenham feito pender a balança para o lado mais consolador. Dificilmente nos impedimos de acreditar naquilo que desejamos com tanto ardor, e quem pode duvidar de que o interesse em admitir ou rejeitar os julgamentos da outra vida determine a fé da maioria dos homens em sua esperança ou em seu temor. Tudo isso podia fascinar meu juízo, reconheço, mas não alterar minha boa-fé; eu temia estar enganado. Se tudo consistia no uso desta vida, era importante para mim sabê-lo, para, pelo menos, tirar dela o melhor proveito enquanto ainda fosse tempo e não me deixar enganar. Mas o que eu mais temia no mundo, na disposição em que sentia estar, era expor a sorte eterna de minha alma pelo gozo dos bens deste mundo, que nunca me pareceram de grande valor.

Admito também que não superei sempre a contento todas essas dificuldades que me tinham embaraçado e com as quais nossos filósofos tantas vezes martelaram meus ouvidos. Porém, decidindo finalmente sobre matérias em que a inteligência humana exerce tão pouca influência e encontrando, por todos os lados, mistérios impenetráveis e objeções insolúveis, adotei, em cada questão, o sentimento que me pareceu mais bem-demonstrado diretamente, o mais crível em si mesmo, sem deter-me nas objeções que eu não podia resolver, mas que se retorquiam por outras não menos fortes no sistema oposto. O tom dogmático sobre essas matérias convém apenas a charlatães; importa, porém, ter um sentimento para si e escolhê-lo com toda a maturidade de julgamento que se lhe pode aplicar. Se, a despeito disso, caímos no erro, não poderíamos, em boa justiça, sofrer a pena, pois não teríamos culpa. Aí está o princípio inabalável que serve de base à minha segurança.

O resultado de minhas penosas buscas foi, aproximadamente, o que registrei depois em *A profissão de fé do vigário saboiano*,[38] obra indignamente prostituída e profanada na geração presente, mas que pode um dia produzir uma revolução entre os homens se por ventura renascerem bom senso e boa-fé entre eles.

Desde então, permanecendo tranquilo nos princípios que adotara após tão longa e refletida meditação, fiz deles a regra imutável de minha conduta e de minha fé, sem mais me inquietar nem com as objeções que não pudera resolver, nem com as que não pudera prever e que novamente se apresentavam, de tempos em tempos, ao meu espírito. Elas por vezes me inquietaram, mas nunca me abalaram. Sempre disse a mim mesmo: tudo isso são apenas argúcias e sutilezas metafísicas, que não têm peso algum ao lado dos princípios fundamentais adotados por minha razão, confirmados por meu coração, e que trazem todos o selo do assentimento interior no silêncio das paixões. Em matérias tão superiores ao

---

38. *A profissão de fé do vigário saboiano* é um texto que integra o livro IV de *Emílio*, o tratado de educação (cf. *Emílio ou Da educação*; tradução Laurent de Saes. São Paulo: Edipro, 2017, p. 310-365). No referido segmento, muitas vezes publicado separadamente, tamanha a sua importância, Rousseau expõe, por meio de uma personagem fictícia, o vigário saboiano, sua visão religiosa. Texto controverso, por sua crítica à religião revelada e, portanto, ao poder clerical, *A profissão de fé* é revelador da complexidade do pensamento religioso do filósofo, que se aproxima muito do teísmo de sua época, ao mesmo tempo que se inclina fortemente para o cristianismo. (N.T.)

entendimento humano, uma objeção que não posso resolver derrubará todo um corpo de doutrina tão sólido, tão bem-amarrado e formado com tanta meditação e cuidado, tão apropriado à minha razão, ao meu coração, a todo meu ser, e reforçado pelo assentimento interior que sinto faltar a todos os outros? Não, vãs argumentações jamais destruirão a conveniência que percebo entre minha natureza imortal e a constituição deste mundo e a ordem física que nele vejo reinar. Encontro na ordem moral correspondente, e cujo sistema é o resultado de minhas buscas, o amparo de que preciso para suportar as misérias de minha vida. Em qualquer outro sistema, eu viveria sem recursos e morreria sem esperança. Eu seria a mais infeliz das criaturas. Atenhamo-nos, portanto, àquele que, sozinho, basta para me fazer feliz, a despeito da fortuna e dos homens.

 Essa deliberação e a conclusão que dela extraí não parecem ter sido ditadas pelo próprio céu a fim de me preparar para o destino que me aguardava e de me tornar capaz de suportá-lo? Em que eu teria me tornado, o que ainda me tornaria, nas horríveis angústias que me aguardavam e na incrível situação a que estou reduzido para o resto de minha vida se, permanecendo sem asilo em que pudesse escapar de meus implacáveis perseguidores, sem compensação pelos opróbrios que me fazem sofrer neste mundo e sem esperança de obter um dia a justiça que me era devida, eu tivesse me visto inteiramente entregue à mais horrível sorte que tenha provado na terra algum mortal? Enquanto, tranquilo em minha inocência, eu imaginava apenas estima e benevolência por mim entre os homens, enquanto meu coração aberto e confiante se confiava a amigos e irmãos, os traidores enlaçavam-me silenciosamente com redes forjadas no fundo dos infernos. Surpreso pelos mais imprevistos de todos os infortúnios e pelos mais terríveis para uma alma orgulhosa, arrastado para a lama sem nunca saber por quem nem por quê, mergulhado num abismo de ignomínia, envolto de horríveis trevas através das quais eu percebia apenas sinistros objetos, à primeira surpresa fui derrubado, e nunca teria retornado do abatimento em que me lançou essa espécie imprevista de infortúnios, se não tivesse reservado de antemão forças para reerguer-me de minhas quedas.

 Foi apenas após anos de agitações que, voltando a mim e começando a refletir sobre mim mesmo, senti o valor dos recursos que reservara para a adversidade. Decidido sobre tudo o que me importava julgar, vi, ao comparar minhas máximas à minha situação, que eu dava aos insensatos juízos dos homens e aos pequenos acontecimentos desta curta vida muito mais importância do que tinham; que, sendo esta vida apenas um estado de provações, pouco importava que essas provações fossem de uma espécie ou outra, contanto que delas resultasse o efeito para o qual estavam destinadas; e que, por conseguinte, quanto maiores, mais fortes e mais numerosas fossem as provações, mais vantajoso seria saber suportá-las. Os desgostos mais intensos perdem sua força para aquele que vê neles uma compensação grande e certa; e a certeza dessa compensação era o principal fruto que eu extraíra de minhas precedentes meditações.

É verdade que, em meio aos inúmeros ultrajes e às indignidades desmedidas com que eu me sentia atormentado, momentos de inquietude e de dúvida vinham, de tempos em tempos, abalar minha esperança e perturbar minha tranquilidade. As poderosas objeções que eu não pudera resolver se apresentavam ao meu espírito com mais força, para terminar de abater-me precisamente nos momentos em que, sobrecarregado pelo peso de meu destino, eu estava prestes a ceder ao desencorajamento. Com frequência, novos argumentos voltavam ao meu espírito, amparando os que já me tinham atormentado. Ah!, eu pensava então, entre apertos de coração que quase me sufocavam, quem me protegerá do desespero se, em meio ao horror de minha sorte, já não vejo mais do que quimeras nas consolações que me fornecia minha razão, e se, destruindo assim sua própria obra, ela derruba todo o amparo de esperança e de confiança que me preparara na adversidade? Em que amparo constituem ilusões que enganam apenas a mim no mundo? Toda a geração presente vê apenas erros e preconceitos nos sentimentos de que apenas eu me alimento; encontra a verdade, a evidência no sistema contrário ao meu; ela parece até mesmo não poder acreditar que o adoto de boa-fé, e eu mesmo, ao me entregar a ele com toda a minha vontade, encontro nele dificuldades insuperáveis que me é impossível resolver e que não me impedem de nele persistir. Seria eu então o único sábio, o único esclarecido entre os mortais? Para acreditar que as coisas assim sejam, basta que me convenham? Posso ter uma confiança esclarecida em aparências que nada têm de sólido aos olhos do resto dos homens e que pareceriam até mesmo ilusórias a mim mesmo se meu coração não sustentasse minha razão? Não teria sido melhor combater meus perseguidores com armas iguais, adotando suas máximas, do que permanecer nas quimeras das minhas, sujeito a seus ataques, sem agir para lhes resistir? Acredito ser sábio e sou apenas crédulo, vítima e mártir de um erro fútil.

    Quantas vezes, nesses momentos de dúvida e incerteza, estive prestes a entregar-me ao desespero! Se, por acaso, eu tivesse passado nesse estado um mês inteiro, teria sido o meu fim. Mas tais crises, embora, no passado, tivessem sido bastante frequentes, sempre foram curtas, e agora, ainda que eu ainda não esteja inteiramente livre delas, são tão raras e breves que não possuem sequer força para perturbar meu repouso. São leves inquietudes que não afetam mais minha alma do que uma pena que cai no rio pode alterar o curso da água. Senti que repor em deliberação os mesmos pontos sobre os quais eu me tinha anteriormente decidido era supor em mim novas luzes ou um juízo mais bem-formado, ou mais zelo pela verdade do que eu tinha por ocasião de minhas pesquisas, e que não sendo nem podendo ser nenhum desses casos o meu, eu não podia preferir, por nenhuma razão sólida, opiniões que, no abatimento do desespero, me tentavam apenas para aumentar minha infelicidade, a sentimentos adotados no vigor da idade, em toda a maturidade do espírito, após o exame mais refletido, e em épocas em que a calmaria de minha vida não me deixava outro interesse dominante além daquele de conhecer a verdade. Hoje, que meu coração comprimido pela aflição, minha alma abatida pelos dissabores, minha imaginação intimidada, minha mente perturbada por tantos mistérios horríveis de que estou cercado; hoje, que todas as minhas faculdades enfraquecidas pela velhice e pelas angústias perderam toda a sua força, privar-me-ei sem motivo de todos os recursos que eu preparara para mim e darei maior confiança à minha razão declinante para tornar-me injustamente infeliz do que à minha razão plena e vigorosa para compensar os males de que sofro sem tê-los merecido? Não, não sou nem mais sábio, nem mais instruído, nem tenho mais tanta boa-fé do que quando me decidi a respeito dessas grandes questões. Eu não ignorava então as dificuldades pelas quais me deixo perturbar hoje; as dificuldades não me detiveram, e caso se apresentem algumas novas que ainda não haviam sido percebidas, serão elas os sofismas de uma sutil metafísica que não poderiam se igualar às verdades eternas admitidas em todas as épocas, por todos os sábios, reconhecidas por todas as nações e gravadas no coração humano em caracteres indeléveis. Eu sabia, ao meditar sobre essas matérias, que o entendimento humano, circunscrito pelos sentidos, não as podia abranger em toda sua extensão. Ative-me, portanto, ao que estava ao meu alcance, sem enredar-me naquilo que o ultrapassasse. Esse partido era razoável, abracei-o então e a ele me ative com o assentimento de meu coração e de minha razão. Com base em que fundamento eu renunciaria a ele hoje, quando tantos motivos poderosos devem me manter a ele apegado? Que perigo vejo em segui-lo? Que proveito encontraria em abandoná-lo? Ao adotar a doutrina de meus perseguidores, adotar-lhes-ia também a moral? Essa moral sem raiz e sem fruto, que eles expõem pomposamente em livros ou em alguma ação notável no palco, sem que nada dela jamais penetre no coração nem na razão; ou então esta outra moral secreta e cruel, doutrina interior de todos seus iniciados, à qual a outra serve apenas de máscara, a única que seguem em sua conduta e que tão habilmente praticaram no que me diz respeito. Essa moral puramente ofensiva não serve, de modo algum, para a defesa e é boa apenas para a agressão. De que ela me serviria no estado a que me reduziram? Apenas minha inocência me sustenta em meus infortúnios; e a que ponto eu me tornaria ainda mais infeliz se, privando-me deste único mas poderoso recurso, eu o substituísse pela maldade! Alcançá-los-ia na arte de prejudicar? E, ainda que conseguisse fazê-lo, de que mal me aliviaria aquele que eu lhes pudesse fazer? Eu perderia minha própria estima, e nada ganharia no lugar.

É assim que, raciocinando, consegui não me deixar mais abalar em meus princípios por argumentos capciosos, por objeções insolúveis e por dificuldades que ultrapassavam o meu alcance e talvez o do espírito humano. O meu, permanecendo na mais sólida disposição que pudera lhe dar, acostumou-se tão bem a nela descansar ao abrigo de minha consciência que nenhuma doutrina estrangeira, antiga ou nova, pode mais comovê-lo nem perturbar por um instante meu repouso. Caindo na languidez e no entorpecimento do espírito, esqueci até os raciocínios nos quais fundava minha crença e minhas máximas; mas nunca esquecerei as conclusões que deles extraí com a aprovação de minha consciência e de minha razão, e a elas me atenho de agora em diante. Que todos os filósofos venham contestar: perderão seu tempo e seus esforços. Atenho-me, para o resto de minha vida e em todas as coisas, ao partido que tomei quando estava mais apto a escolher bem.

Tranquilo nessas disposições, encontro nelas, ao lado do contentamento de mim mesmo, a esperança e as consolações de que necessito em minha situação. Não é possível que uma solidão tão completa, tão permanente, tão triste em si mesma, a animosidade sempre sensível e sempre ativa de toda a geração presente, as indignidades com que ela incessantemente me atormenta, não me façam, por vezes, cair no abatimento; a esperança abalada, as dúvidas desencorajadoras ainda retornam, de tempos em tempos, para perturbar minha alma e enchê-la de tristeza. É então que, incapaz das operações do espírito necessárias para me tranquilizar, tenho necessidade de relembrar minhas antigas resoluções; os cuidados, a atenção, a sinceridade de coração que empreguei para tomá-las retornam então à minha memória e me devolvem toda a minha confiança. Recuso, assim, todas as novas ideias como erros funestos, que têm apenas uma falsa aparência e servem somente para perturbar meu repouso.

Contido, assim, na estreita esfera de meus antigos conhecimentos, não tenho, como Sólon, a felicidade de poder instruir-me a cada dia, enquanto envelheço, e devo até mesmo me precaver contra o perigoso orgulho de querer aprender o que hoje não tenho condições de estudar. Mas se me restam poucas aquisições a esperar entre as luzes úteis, restam-me também algumas muito importantes a fazer entre as virtudes necessárias ao meu estado. Seria este o momento de enriquecer e ornamentar minha alma com um conhecimento que ela pudesse levar consigo, quando, libertada deste corpo que a ofusca e a cega, e vendo a verdade desvelada, ela perceber a miséria de todos os conhecimentos dos quais nossos falsos sábios têm tanto orgulho. Ela lamentará os momentos perdidos nesta vida e desejará adquiri-los. Mas a paciência, a doçura, a resignação, a integridade, a justiça imparcial constituem uma qualidade que carregamos conosco e com a qual podemos nos enriquecer incessantemente, sem temer que a própria morte nos faça perder o valor. É a esse único e útil estudo que dedico o restante de minha velhice. Afortunado serei se, por meus progressos pessoais, aprender a sair da vida, não melhor, pois isso não é possível, mas mais virtuoso do que nela entrei!

QUARTA CAMINHADA

Entre os poucos livros que, por vezes, ainda leio, Plutarco é aquele que mais me cativa e do qual tiro maior proveito. Foi a primeira leitura de minha infância, será a última de minha velhice; talvez seja o único autor que nunca li sem extrair disso algum fruto. Anteontem, eu lia em suas obras morais o tratado *Como tirar proveito de seus inimigos?*[39] No mesmo dia, enquanto guardava algumas brochuras que me haviam sido enviadas pelos autores, deparei com um dos jornais do Abade R*** [Rosier], em cujo título ele inserira as seguintes palavras: *vitam vero impendenti*,[40] R*** [Rosier]. Esclarecido sobre as fórmulas desses senhores para me enganar com esta, compreendi que ele acreditara, sob essa aparência de polidez, me dizer uma cruel contraverdade: mas fundado em quê? Por que esse sarcasmo? Que motivo eu poderia ter dado? Para tirar proveito das lições do bom Plutarco, resolvi me dedicar a examinar a mentira na caminhada do dia seguinte, e a ela vim certo da opinião já formada de que o *conhece-te a ti mesmo*[41] do Templo de Delfos não era uma máxima tão fácil de seguir quanto eu acreditara em minhas *Confissões*.

No dia seguinte, pondo-me em marcha para executar tal resolução, o primeiro pensamento que me ocorreu, quando eu começava a me recolher, foi o de uma horrível mentira contada em minha primeira juventude, cuja lembrança me perturbou a vida inteira e, ainda na velhice,

---

39. Trata-se do discurso de Plutarco sobre a bajulação, no qual desvenda seus segredos e artifícios. Ele conclui que é preciso dar mais crédito aos inimigos do que aos amigos, pois a reprovação é sempre mais fecunda do que a bajulação. (N.T.)

40. O abade Rosier, membro da Academia Real de Lyon, editava, desde 1771, o *Jornal de Física e de História Natural*, título que vinha acompanhado da epígrafe "*Vitam impendere vero*", isto é, "consagrar a vida à verdade", extraída das *Sátiras*, de Juvenal (IV, 9). (N.T.)

41. Aforismo que, segundo o escritor Pausanias, teria sido gravado no pátio do Templo de Apolo, em Delfos. A autoria das célebres palavras foi, ao longo da história, atribuída a uma multidão de pensadores (Sócrates, Pitágoras, Tales de Mileto, Sólon, Heráclito), sem que se tenha podido atestar a veracidade dessas atribuições. (N.T.)

contrista meu coração, já desolado de tantas outras maneiras. Essa mentira, um grande crime em si mesmo, deve ter sido outro ainda maior por seus efeitos, os quais sempre ignorei, mas que o remorso me fez supor tão cruéis quanto possível. Entretanto, considerando apenas a disposição em que eu estava ao contá-la, essa mentira foi fruto da falsa vergonha, e, muito longe de tencionar prejudicar aquela que foi sua vítima, posso jurar perante o céu que, no mesmo instante em que essa vergonha invencível a arrancava de mim, eu teria dado todo o meu sangue com alegria para desviar-lhe o efeito apenas sobre mim. É um delírio que não posso explicar, senão dizendo, como acredito sentir, que, naquele momento, minha timidez tão natural subjugou todos os votos de meu coração.

A lembrança desse infeliz ato e os inextinguíveis arrependimentos que dele advieram me inspiraram pela mentira um horror que deve ter protegido meu coração desse vício para o resto de minha vida. A partir do momento em que adotei meu lema, sentia-me feito para merecê-lo, e não duvidava de que fosse digno dele quando, a partir das palavras do abade R*** [Rosier], comecei a examinar-me mais seriamente.

Então, esquadrinhando-me com mais cuidado, fiquei bastante surpreso pela quantidade de coisas inventadas que eu recordava serem verdadeiras no mesmo momento em que, orgulhoso de mim mesmo por meu amor à verdade, eu lhe sacrificava minha segurança, meus interesses e minha pessoa, com uma imparcialidade da qual não conheço nenhum outro exemplo entre os humanos.

O que mais me surpreendeu foi que, ao me lembrar disso tudo, não senti nenhum arrependimento. Eu, cujo horror pela falsidade não encontra em meu coração nada que a ele se equipare, eu, que enfrentaria os suplícios caso somente se pudesse evitá-los com uma mentira, por que estranha inconsequência mentia assim, espontaneamente, sem necessidade, sem proveito? E por que inconcebível contradição não sentia o menor arrependimento, eu, cujo remorso por uma mentira me afligiu por cinquenta anos? Nunca me endureci com meus erros; o instinto moral sempre me conduziu bem, minha consciência guardou sua integridade primeira; e ainda que se tivesse alterado, curvando-se aos meus interesses, como, guardando toda sua retidão nas ocasiões em que o homem, forçado por suas paixões, pode, pelo menos, desculpar-se por sua fraqueza, ela a perde unicamente nas coisas indiferentes, nas quais o vício não tem qualquer desculpa? Da solução desse problema dependia a justeza do juízo que eu tinha de formar, nesse ponto, sobre mim mesmo, e após tê-lo bem examinado, eis aqui de que maneira o explico.

Li uma vez num livro de filosofia que mentir é dissimular uma verdade que se deve manifestar. Decorre efetivamente dessa definição que calar uma verdade que não se é obrigado a dizer não é mentir. Então mente ou não mente aquele que, em semelhante caso, não satisfeito em não dizer a verdade, diz o contrário? Segundo a definição, não se poderia dizer que mente, pois, se ele dá uma moeda falsa a um homem sem dizer-lhe nada, ele engana esse homem, mas não o rouba.

Apresentam-se aqui duas questões a examinar, ambas muito importantes. A primeira: quando e como devemos a outrem a verdade, visto que nem sempre a devemos. A segunda: será que existem casos em que possamos enganar inocentemente? Esta segunda questão encontra-se, eu sei, muito resolvida: negativamente nos livros, em que a mais austera moral não custa nada ao autor; afirmativamente na sociedade, em que a moral dos livros passa por uma tagarelice impossível de praticar. Abandonemos, pois, essas autoridades que se contradizem e procuremos, por meus próprios princípios, resolver, no que me diz respeito, essas questões.

A verdade geral e abstrata é o mais precioso de todos os bens. Sem ela, o homem é cego; ela é o olho da razão. É por meio dessa verdade que o homem aprende a se conduzir, a ser o que deve ser, a fazer o que deve fazer, a tender a seu verdadeiro fim. A verdade particular e individual não é sempre um bem; é, por vezes, um mal, e, com frequência, indiferente. Talvez não sejam muitas as coisas que importam a um homem saber e cujo conhecimento é necessário à sua felicidade; mas, independentemente de quantas forem, constituem um bem que lhe pertence, que o homem tem direito de reivindicar em qualquer lugar e do qual ele não pode se privar sem cometer o mais iníquo de todos os roubos, pois ela é desses bens comuns a todos, e cuja comunicação não priva aquele que o dá.

Quanto às verdades que não têm nenhuma utilidade, nem para a instrução nem na prática, como poderiam elas ser um bem devido, visto que não são sequer um bem. E, na medida em que a propriedade está fundada apenas na utilidade, aí onde não há nenhuma utilidade possível não pode haver propriedade. Pode-se reivindicar um terreno, ainda que estéril, pois é possível, pelo menos, viver sobre o solo; mas que um fato inútil, indiferente sob todos os aspectos e sem consequência para ninguém, seja verdadeiro ou falso, isso não interessa a quem quer que seja. Na ordem moral, assim como na ordem física, nada é inútil. Nada do que não serve para nada pode ser devido; para que uma coisa seja devida, é preciso que ela seja ou possa ser útil. Assim, a verdade devida é a que interessa à justiça, e profana-se este nome sagrado de verdade quando é aplicado às coisas vãs cuja existência é indiferente a todos e cujo conhecimento é inútil a tudo. A verdade despojada de toda espécie de utilidade, embora possível, não pode, portanto, ser uma coisa devida, e, por conseguinte, aquele que a silencia ou a dissimula não mente.

Mas existem verdades como essas, tão perfeitamente estéreis a ponto de serem, em todos os aspectos, inúteis a tudo? Esse é outro assunto a ser discutido e ao qual retornarei daqui a pouco. Por enquanto, passemos para a segunda questão.

Não dizer o que é verdadeiro e dizer o que é falso são duas coisas muito diferentes, mas das quais pode, todavia, resultar o mesmo efeito; esse resultado é seguramente o mesmo todas as vezes que esse efeito é nulo. Sempre que a verdade é indiferente, o erro contrário também o é; resulta disso que, em semelhante caso, aquele que engana dizendo o contrário da verdade não é mais injusto que aquele que engana a omitindo; no que diz respeito a verdades inúteis, não há nada pior do que o erro, senão a ignorância. Quer eu imagine a areia que está no fundo do mar branca ou vermelha, isso não é mais importante do que ignorar a cor dela. Como se poderia ser injusto sem prejudicar ninguém, visto que a injustiça consiste apenas no dano causado a outrem?

Mas essas questões assim sumariamente decididas ainda não poderiam me fornecer nenhuma aplicação segura para a prática, sem muitos esclarecimentos prévios necessários para fazer com precisão essa aplicação a todos os casos que puderem se apresentar. Se a obrigação de dizer a verdade está fundada apenas em sua utilidade, como me constituirei juiz dessa utilidade? Muito frequentemente, a vantagem de um faz o prejuízo do outro; o interesse particular está quase sempre em oposição ao interesse público. Como conduzir-se em semelhante caso? Deve--se sacrificar a utilidade do ausente à da pessoa a quem nos dirigimos? Deve-se silenciar ou dizer a verdade que, aproveitando a um, prejudica o outro? Deve-se pesar tudo que devemos dizer apenas na balança do bem público ou na da justiça distributiva? E estou certo de conhecer suficientemente todas as relações da coisa para dispensar as luzes de que disponho apenas segundo as regras da equidade? Ademais, examinando o que devemos aos outros, terei examinado suficientemente o que devemos a nós mesmos, o que devemos somente à verdade? Se não causei nenhum prejuízo a outrem enganando-o, decorre disso que não causo nenhum a mim mesmo? E basta não ser injusto para ser sempre inocente?

De quantas discussões embaraçosas seria fácil livrar-se dizendo a si mesmo: sejamos sempre verdadeiros, com todos os riscos que isso pode acarretar. A própria justiça está na verdade das coisas; a mentira é sempre iniquidade, o erro é sempre impostura, quando estabelecemos o que não é como regra para o que devemos fazer ou aquilo em que devemos acreditar. E, seja qual for o efeito que resulta da verdade, somos sempre inculpáveis quando a dizemos, pois nada introduzimos do que é nosso.

Mas isso é decidir a questão sem resolvê-la. Não se trata de julgar se é bom dizer sempre a verdade, mas se nos obrigamos sempre a isso e, com base na definição que eu examinava, a qual supunha que não, se distinguimos os casos em que a verdade é rigorosamente devida daqueles em que ela pode ser silenciada sem injustiça e dissimulada sem mentira. Constatei, pois, que tais casos realmente existiam. Trata-se de procurar uma regra segura para conhecê-los e bem determiná-los.

De onde, porém, extrair essa regra e a prova de sua infalibilidade? Em todas as questões de moral difíceis como esta, sempre obtive êxito resolvendo-as pelo ditame de minha consciência, mais do que pelas luzes de minha razão. O instinto moral nunca me enganou: até aqui, manteve suficientemente sua pureza em meu coração para que eu confiasse nele, e se, por vezes, ele se cala diante de minhas paixões em minha conduta, retoma efetivamente seu império sobre elas em minhas lembranças. É então que me julgo talvez com a mesma severidade com que serei julgado pelo Soberano Juiz após esta vida.

Julgar os discursos dos homens pelos efeitos que produzem é frequentemente mal apreciá-los. Além do fato de que esses efeitos não são sempre perceptíveis e fáceis de conhecer, eles variam ao infinito, assim como as circunstâncias em que esses discursos são proferidos. Mas é unicamente a intenção daquele que os profere que os aprecia e determina seu grau de malícia ou de bondade. Dizer o falso é mentir apenas pela intenção de enganar, e a própria intenção de enganar, longe de se unir sempre à de prejudicar, tem, por vezes, um objetivo inteiramente contrário. Mas, para tornar uma mentira inocente, não basta que a intenção de prejudicar não seja expressa; é preciso, além disso, a certeza de que o erro em que induzimos aqueles com quem falamos não possa, de maneira alguma, prejudicar nem a eles nem a ninguém. É raro e difícil que se possa ter essa certeza; também é difícil e raro que uma mentira seja perfeitamente inocente. Mentir para sua própria vantagem é impostura; mentir para a vantagem de outrem é fraude; mentir para prejudicar é calúnia, a pior espécie de mentira. Mentir sem proveito nem prejuízo para si nem para outrem não é mentir; é ficção.

As ficções que têm um objeto moral se denominam apólogos ou fábulas; e como sua finalidade é ou deve ser apenas revestir verdades úteis com formas sensíveis e agradáveis, em semelhante caso, mal se procura dissimular a mentira, que é apenas a vestimenta da verdade; e aquele que conta uma fábula apenas como uma fábula não mente de maneira alguma.

Existem outras ficções puramente inúteis, como acontece na maioria dos contos e dos romances, que, sem conter nenhuma instrução verdadeira, têm por objetivo somente o divertimento. Essas ficções, privadas de qualquer utilidade moral, não podem ser apreciadas senão pela intenção daquele que as inventa; e quando ele as conta afirmativamente, como verdades reais, pode-se dificilmente negar que constituam verdadeiras mentiras. Não obstante, quem já se incomodou com essas mentiras e quem já repreendeu gravemente aqueles que as contam? Se há, por exemplo, algum objeto moral em *O Templo de Gnido*,[42] tal objeto se encontra bastante ofuscado e prejudicado pelos detalhes voluptuosos e pelas imagens lascivas. O que fez o autor para cobrir isso com um verniz de modéstia? Inventou que sua obra era a tradução de um manuscrito grego e criou a história da descoberta desse manuscrito da maneira mais capaz de persua-

---

42. "O Templo de Gnido" é um poema escrito em persa, sob o pseudônimo de um bispo grego, por Montesquieu. O texto, publicado em 1725, era apresentado como a tradução de um poema grego, o que causou alguma controvérsia na época. Ele gerou, aliás, uma paródia, intitulada *Le Temple de Gnide, le muet babillard et la sympathie forcée* [O Templo de Gnido, o mudo tagarela e a simpatia forçada]. (N.T.)

dir seus leitores quanto à veracidade do relato. Se isso não é uma mentira positiva, então o que é mentir? Por outro lado, quem se atreveu a acusar o autor de criminoso por essa mentira e a tratá-lo, por isso, de impostor?

Alguém pode responder que se trata, no caso, apenas de um gracejo; que, embora afirmasse, o autor não desejava persuadir ninguém; que de fato não persuadiu ninguém; e que o público não duvidou nem por um instante de que ele fosse mesmo o autor da obra pretensamente grega da qual se apresentava como tradutor. Semelhante gracejo, sem nenhum objetivo, teria sido apenas uma infantilidade; um mentiroso não mente menos quando afirma, embora sem persuadir. É preciso distinguir do público instruído multidões de leitores simples e crédulos, a quem a história do manuscrito narrada por um autor austero e com aparente boa-fé realmente enganou, e que beberam sem temor, num cálice de forma antiga, o veneno do qual teriam, pelo menos, desconfiado, caso este lhes tivesse sido oferecido num vaso moderno.

Quer tais distinções se encontrem ou não nos livros, essas questões se instalam no coração dos homens de boa-fé que não desejam permitir-se nada que sua consciência possa condenar. Dizer uma coisa falsa para sua própria vantagem não é menos mentir do que dizê-la em prejuízo de outrem, ainda que a mensagem seja menos criminosa. Dar a vantagem a quem não a deve ter é perturbar a ordem da justiça; atribuir falsamente a si mesmo ou a outrem um ato do qual pode resultar louvor ou condenação, inculpação ou desculpa, é fazer algo injusto. Ora, é mentira tudo aquilo que, sendo contrário à verdade, fere de qualquer maneira a justiça. Eis o limite exato: é apenas ficção tudo que, sendo contrário à verdade, não interessa à justiça de maneira alguma – e admito que aquele que se censura por uma pura ficção como sendo uma mentira tem uma consciência mais delicada do que a minha.

As mentiras oficiosas é que são as verdadeiras mentiras, pois enganar, quer em vantagem alheia, quer em vantagem própria, não é menos injusto do que enganar em seu detrimento. Mente todo aquele que louva ou condena contra a verdade, desde que seja uma pessoa real. No caso de um ser imaginário, ele pode dizer tudo que quiser sem mentir, a menos que julgue a moralidade dos fatos que inventa e que a julgue falsamente: se não mente quanto ao fato, mente contra a verdade moral, cem vezes mais respeitável que a dos fatos.

Conheci essas pessoas a que se chamam verdadeiras. Toda sua veracidade se esgota em conversas fúteis a citar fielmente os lugares, os tempos, os indivíduos, a não permitir-se nenhuma ficção, a não imaginar nenhuma circunstância, a não exagerar nada. Em tudo que não atinge, de maneira alguma, seu interesse, elas são, em suas narrações, da mais inviolável fidelidade. Mas, quando se trata de abordar algum assunto que lhes diz respeito, de narrar algum fato que as afeta de perto, todas as cores são empregadas para apresentar as coisas na perspectiva que lhes é mais vantajosa; e se a mentira lhes é útil e elas mesmas se abstêm de dizê-la, favorecem-na com habilidade e fazem com que seja adotada sem que lhes possa ser imputada. Assim quer a prudência: adeus à veracidade.

O homem a que chamo verdadeiro faz exatamente o contrário. Em coisas perfeitamente indiferentes, a verdade que o outro tanto respeita o comove muito pouco; e ele terá pouco escrúpulo em entreter uma companhia com fatos inventados, dos quais não resultar nenhum juízo injusto, nem a favor nem contra quem quer que seja, vivo ou morto. Mas todo discurso que produz, para alguém, algum proveito ou dano, estima ou desprezo, louvor ou censura contra a justiça e a verdade, é uma mentira que jamais se aproximará de seu coração, de sua boca, de sua pena. É solidamente verdadeiro, mesmo contra seu interesse, embora se vanglorie pouco de sê-lo em conversas fúteis. É verdadeiro na medida em que não procura enganar ninguém; é tão fiel à verdade que o acusa quanto à que o honra e nunca engana para sua própria vantagem, nem para prejudicar seu inimigo. A diferença, portanto, que existe entre meu homem verdadeiro e o outro é que o do mundo é muito rigorosamente fiel a toda verdade que nada lhe custa, mas não vai além disso; já o meu nunca serve a verdade tão fielmente como quando é preciso imolar-se por ela.

Mas, alguns dirão, como conciliar tal relaxamento com este ardente amor pela verdade com que o glorifico? Seria, portanto, esse amor falso, a partir do momento que sofre tantas misturas? Não, ele é puro e verdadeiro, mas trata-se apenas de uma emanação do amor à justiça e nunca pretende ser falso, embora frequentemente fabuloso. Justiça e verdade são, em sua mente, sinônimos, tomando uma pela outra indiferentemente. A santa verdade que seu coração adora não consiste em fatos indiferentes e em nomes inúteis, mas em atribuir fielmente a cada qual o que lhe é devido em coisas que são verdadeiramente suas, em imputações boas ou más, em retribuições de honra ou de censura, de louvor ou de reprovação. Não é falso nem contra outrem, pois sua equidade o impede de sê-lo e ele não deseja prejudicar ninguém injustamente, nem em seu próprio proveito, pois sua consciência o impede e ele não poderia apropriar-se do que não é seu. É, sobretudo, de sua própria estima que ele é zeloso; é o bem de que pode menos privar-se, e sentiria uma perda real caso adquirisse a dos outros à custa deste bem. Às vezes, portanto, mentirá sobre coisas indiferentes, sem escrúpulo e sem acreditar mentir, nunca para o prejuízo ou o proveito de outrem, nem de si mesmo. Em tudo que diz respeito às verdades históricas, em tudo que concerne à conduta dos homens, à justiça, à sociabilidade, às luzes úteis, ele protegerá do erro a si próprio e aos outros, tanto quanto lhe couber fazê-lo. Toda mentira de outra natureza não é, de acordo com ele, mentira. Se *O Templo de Gnido* for uma obra útil, a história do manuscrito grego se tornará apenas uma ficção muito inocente. Por outro lado, será uma mentira punível se a obra for considerada perigosa.

Essas foram minhas regras de consciência sobre a mentira e sobre a verdade. Meu coração já seguia-as maquinalmente, antes mesmo de minha razão tê-las adotado, e o instinto moral foi o único a aplicá-las. A criminosa mentira de que a pobre Marion[43] foi vítima deixou em mim indeléveis remorsos, que me protegeram, para o resto de minha vida, não apenas contra qualquer mentira dessa espécie, mas também contra aquelas que, de qualquer maneira, pudessem afetar o interesse e a reputação de outrem. Generalizando assim a exclusão, dispensei-me de pesar exatamente a vantagem e o prejuízo, e de marcar os limites precisos da mentira nociva e da mentira oficiosa. Encarando ambas como condenáveis, proibi-me as duas.

Nisto, assim como em todo o resto, meu temperamento influiu muito em minhas máximas, ou, antes, em meus hábitos. Pouco agi por regras, ou mal as segui, para todas as coisas, outras regras além dos

---

43. Rousseau se refere aqui a um episódio relatado nas *Confissões* (São Paulo: Edipro, 2008, livro 2). No caso em questão, ocorrido em 1728, o jovem Rousseau, então em Turim, furtara, após a morte de sua empregadora, a condessa de Vercellis, uma fita, acusando, em seguida, a criada Marion de ter cometido o crime. (N.T.)

impulsos de minha personalidade. Nunca uma mentira premeditada se aproximou de meu pensamento, nunca menti em meu próprio interesse. No entanto, frequentemente me peguei mentindo por vergonha, com o intuito de me livrar de embaraços em relação a coisas indiferentes ou que interessavam apenas a mim – por exemplo, quando, tendo de manter um diálogo, a lentidão de minhas ideias e a aridez de minha conversação me forçavam a recorrer a ficções para ter algo a comentar. Quando é necessário falar, e verdades divertidas não se apresentam com rapidez suficiente à minha mente, conto fábulas para não permanecer calado. Porém, na construção dessas fábulas, cuido, sempre que possível, para que não sejam mentiras, isto é, para que não firam nem a justiça nem a verdade devida; cuido para que sejam apenas ficções indiferentes a todo mundo e a mim. Meu desejo seria realmente substituir, pelo menos, a verdade dos fatos por uma verdade moral: representar bem nessas fábulas as afeições naturais do coração humano, e extrair-lhes sempre alguma instrução útil, fazer delas, numa palavra, contos morais, apólogos. Seria preciso, contudo, maior presença de espírito do que a que possuo, além de mais facilidade na retórica para poder tirar proveito, para a instrução, da tagarelice da conversação. Seu movimento, mais rápido que o de minhas ideias, forçando-me quase sempre a falar antes de pensar, frequentemente me sugeriu tolices e inépcias, que minha razão desaprovava e que meu coração rejeitava à medida que escapavam de minha boca, mas que, precedendo meu próprio juízo, não podiam mais ser reformadas por sua censura.

É também por esse primeiro e irresistível impulso do temperamento que, em momentos imprevistos e fugazes, a vergonha e a timidez arrancam-me frequentemente mentiras, nas quais minha vontade não tem qualquer participação, mas que a precedem, de alguma forma, pela necessidade imediata de uma resposta. A impressão profunda da lembrança da pobre Marion sempre deterá as mentiras que podem ser nocivas a terceiros, mas não as que servem para me livrar de embaraços, o que não é menos contrário à minha consciência e meus princípios do que aquelas que podem influir na sorte de outrem.

Declaro ao céu que, se eu pudesse, no instante seguinte, retirar a mentira que me desculpa e dizer a verdade que me acusa, sem, ao me retratar, fazer-me uma nova afronta, eu o faria com muito gosto; a vergonha, porém, de apanhar-me eu mesmo em falta ainda me retém, e me arrependo muito sinceramente disso, sem, contudo, ousar repará-la. Um exemplo explicará melhor o que quero dizer e mostrará que não minto nem por interesse nem por amor-próprio, menos ainda por inveja ou por maldade, e sim unicamente por embaraço e falsa vergonha, sabendo até mesmo muito bem, por vezes, que essa mentira é conhecida como tal e não pode me servir para absolutamente nada.

Algum tempo atrás o sr. F*** [Foulquier[44]] me convidou, contra meus hábitos, a ir com minha esposa para um jantar entre amigos,[45] com ele e o sr. B*** [Benoît[46]], no estabelecimento da senhora *** [Vacassin]. A dona do restaurante e suas duas filhas também juntaram-se a nós. No meio do jantar, a primogênita, que se casara havia pouco e estava grávida, atreveu-se a me perguntar, olhando fixamente para mim, se eu tivera filhos. Respondi, enrubescendo até os olhos, que não tivera essa felicidade. Ela sorriu de forma maligna olhando para a companhia. Nada disso era muito obscuro, até mesmo para mim.

Está claro, primeiramente, que essa resposta não era a que eu teria desejado dar, ainda que tivesse tido a intenção de enganar; na disposição em que eu via os convivas, estava muito certo de que minha resposta não mudava em nada a opinião deles a esse respeito. A negativa era esperada, até mesmo se a provocava para gozar do prazer de ter-me feito mentir. Eu não era tapado o bastante para não senti-lo. Dois minutos mais tarde, a resposta que eu deveria ter dado me veio naturalmente: *Aí está uma pergunta pouco discreta por parte de uma jovem a um homem que envelheceu solteiro.* Falando assim, sem mentir, sem ter de enrubescer por nenhuma confissão, eu traria os galhofeiros para o meu lado, e daria à jovem uma pequena lição que, naturalmente, a tornaria um pouco

---

44. François-Joseph Foulquier (1744-1789), naturalista e gravurista que se tornaria, mais tarde, intendente nas colônias francesas da América (Guadalupe e Martinica). (N.T.)
45. No original, *dîner en manière de pique-nique* (jantar à maneira de um piquenique). O termo *pique-nique*, entretanto, não possuía ainda o significado atual. No século XVIII, um piquenique era uma refeição em que cada qual levava algo para comer ou então pagava sua parte. Tais refeições podiam ser feitas ao ar livre, em casa ou, ainda, dentro de algum estabelecimento. (N.T.)
46. Pierre-Antoine Benôit, que, mais tarde, publicaria postumamente uma compilação dos trabalhos musicais de Rousseau, sob o título *Consolations des misères de ma vie* [Consolações das infelicidades de minha vida] (1781). (N.T.)

menos impertinente ao me questionar. Nada fiz de tudo isso, nada disse do que devia dizer, respondi o que não devia e que não podia me servir para nada. É, portanto, certo que nem meu juízo nem minha vontade ditaram minha resposta, e qual não foi o efeito maquinal de meu embaraço. No passado, eu não tinha esse embaraço e confessava meus erros com mais franqueza do que com vergonha, pois não duvidava de que vissem aquilo que os redimia e que eu sentia dentro de mim. A maldade, por outro lado, me desola e me desconcerta; ao me tornar mais infeliz, tornei-me mais tímido e nunca menti senão por timidez.

Nunca senti melhor minha aversão natural pela mentira do que escrevendo as *Confissões*: pois é aí que as tentações teriam sido frequentes e fortes, por pouco que minha inclinação me tivesse levado para esse lado. Mas, longe de não ter silenciado nada, dissimulado nada que me fosse penoso, por uma disposição mental que tenho dificuldade em explicar e que talvez venha de uma repulsa por toda imitação, eu me senti mais levado a mentir em sentido contrário, acusando-me com demasiada severidade, do que desculpando-me com demasiada indulgência – e minha consciência me garante que, um dia, serei julgado menos severamente do que eu mesmo me julguei. Sim, digo-o e sinto-o com uma orgulhosa elevação da alma: levei, naquele escrito, a boa-fé, a veracidade e a franqueza tão longe e até mesmo mais longe, pelo menos acredito, do que jamais fez outro homem; como o bem superava o mal, eu tinha interesse em dizer tudo, e tudo disse.

Nunca disse menos; por vezes disse mais, não quanto aos fatos, mas quanto às circunstâncias, e essa espécie de mentira foi antes o efeito do delírio da imaginação do que um ato da vontade. Equivoco-me até mesmo em denominá-la mentira, o que não aconteceu com nenhum desses acréscimos. Escrevi minhas *Confissões* já velho e farto dos prazeres vãos da vida, em todos os quais eu resvalara e cujo vazio meu coração realmente sentira. Escrevia-as de memória; essa memória frequentemente me faltava ou me fornecia apenas lembranças imperfeitas, eu preenchia as lacunas com detalhes que imaginava como suplemento dessas lembranças, mas que nunca lhes eram contrários. Gostava de me estender sobre os momentos felizes de minha vida, e os embelezava, por vezes, com ornamentos que uma terna nostalgia vinha me oferecer. Eu contava as coisas que esquecera como me parecia que deveriam ter acontecido, como talvez tivessem de fato sido, e nunca o contrário do que lembrava. Emprestava, por vezes, à verdade encantos estrangeiros, mas nunca introduzi a mentira em seu lugar para atenuar meus vícios ou para atribuir-me virtudes.

Então, se, às vezes, sem pensar, com um movimento involuntário, dissimulei o lado disforme, pintando-me de perfil, tais reticências foram de fato compensadas por outras mais estranhas, que com frequência me fizeram silenciar mais cuidadosamente o bem do que o mal. Essa é uma característica minha, na qual é absolutamente perdoável aos homens não acreditar, mas que, por mais inacreditável que seja, não é menos real: eu frequentemente relatei o mal em toda a sua torpeza, raramente relatei o bem em tudo que tivesse de amável e frequentemente o silenciei porque me honrava em demasia e porque, ao escrever minhas *Confissões*, pareceria que tivesse feito meu elogio. Descrevi meus anos de juventude sem me vangloriar pelas felizes qualidades de que meu coração era dotado e até mesmo suprimindo os fatos que as evidenciavam em demasia. Lembro-me aqui de dois momentos de minha primeira infância, que vieram ambos à memória enquanto escrevia, mas que rejeitei, tanto um quanto outro, pela única razão que acabo de mencionar.

Quase todos os domingos eu ia passar o dia em Les Pâquis[47] na casa do sr. Fazy,[48] que desposara uma de minhas tias e possuía lá uma fábrica de chita da índia. Um dia, eu me encontrava no estendedouro, na sala da calandra, e observava os rolos de ferro fundido: seu brilho deleitava minha vista; fiquei tentado a tocá-los, e passeava com prazer sobre a superfície lisa do cilindro, quando o jovem Fazy, colocando-se na roda, deu-lhe um oitavo de volta, tão habilmente que atingiu apenas a ponta de meus dois mais longos dedos. Mas foi o suficiente para que fossem esmagados pela extremidade e para que as duas unhas fossem arrancadas. Soltei um grito estridente, Fazy desviou imediatamente a roda, mas ainda assim as unhas permaneceram no cilindro e o sangue jorrava de meus dedos. Consternado, Fazy gritou "Saia da roda!", me abraçou

---

47. Bairro de Genebra, na Suíça. Em algumas edições, nota-se uma grafia diferente, *Pâques*. (N.T.)
48. Antoine Fazy (1681-1731), fabricante de tecidos, casado, desde 1719, com Clermonde Rousseau, tia de Jean-Jacques. (N.T.)

e me suplicou que moderasse meus gritos, acrescentando que estava perdido. No auge de minha dor, a sua me comoveu; calei-me, fomos até o charco, onde ele me ajudou a lavar os dedos e a estancar o sangue com musgo. Suplicou-me, com lágrimas, que não o acusasse; prometi-o, e tanto o fiz que, mais de vinte anos depois, ninguém sabia por que eu tinha dois de meus dedos cicatrizados, pois assim permaneceram para sempre. Fiquei detido em minha cama por mais de três semanas, e mais de dois meses sem condições de utilizar a mão, alegando sempre que, ao cair, uma grande pedra me esmagara os dedos.

Magnanime menzôgna! or quando è il vero
Si bello che si possa a te preporre?[49]

Esse acidente, no entanto, foi, para mim, bastante sensível pela circunstância, pois era a época em que se impunha à burguesia a realização de exercícios militares, e havíamos constituído uma fileira com três outras crianças de minha idade, com quem eu devia, de uniforme, cumprir o exercício com a companhia de meu bairro.[50] Senti a dor de ouvir o tambor de minha companhia passando sob minha janela, com meus três camaradas, enquanto eu permanecia de cama.

Minha outra história é muito semelhante, embora com idade mais avançada. Eu jogava *mail*[51] em Plain-Palais[52] com um de meus camaradas, Pleince.[53] Discutimos, brigamos e, durante o combate, ele me deu, na cabeça nua, um golpe de malho tão bem desferido, que, se tivesse uma mão mais forte, teria estourado meus miolos. Caí imediatamente.

---

49. "Magnânima mentira! Mas quando é a verdade tão bela que se possa preferi-la a ti?" é uma citação de Torquato Tasso extraída de seu poema épico "Jerusalém libertada" (II, 22; 1581). (N.T.)
50. Rousseau faz aqui referência a uma antiga e pouco conhecida prática de sociabilidade, os jogos militares que, ao longo do Antigo Regime, mobilizavam as companhias das diferentes cidades. (N.T.)
51. No jogo do *mail* ("malho"), bastante difundido na Europa, sobretudo na França, o jogador tinha de atingir uma bola de madeira com um malho, de modo a alcançar, com o menor número possível de golpes, um determinado objetivo. Por vezes, o *mail* é equiparado ao Jogo da Choca, muito praticado entre a nobreza portuguesa. (N.T.)
52. Área aberta ao sudoeste de Genebra. (N.T.)
53. Ou Plince. A grafia muda de acordo com a edição. (N.T.)

Em toda minha vida, não vi agitação semelhante à daquele pobre rapaz, vendo o sangue escorrer pelos meus cabelos. Acreditou que tinha me matado. Precipitou-se sobre mim, abraçou-me, apertou-me estreitamente, derramando lágrimas e soltando gritos estridentes. Eu também o abraçava com todas as minhas forças, chorando como ele numa emoção confusa, que não carecia de certa doçura. Finalmente, sentiu-se no dever de estancar meu sangue que continuava a escorrer e, vendo que nossos dois lenços não podiam bastar, arrastou-me para a casa de sua mãe, que tinha um pequeno jardim à proximidade. Essa boa senhora esteve prestes a passar mal ao me ver naquele estado. Mas soube conservar forças para cuidar de mim e, após ter limpado bem minha ferida, aplicou ali flores-de-lis maceradas em aguardente, vulnerário excelente e muito utilizado em nosso país. Suas lágrimas e as de seu filho penetraram tanto em meu coração que, por muito tempo, tomei-a como minha mãe e seu filho como meu irmão, até que, tendo perdido ambos de vista, pouco a pouco os esqueci.

Guardei sobre esse acidente o mesmo segredo que sobre o outro. E aconteceram-me cem outros de natureza semelhante em minha vida, dos quais sequer fiquei tentado a falar em minhas *Confissões*, visto que pouco procurava nelas a arte de exaltar o bem que sentia em meu caráter. Não, quando falei contra a verdade que conhecia, foi sempre quanto a coisas indiferentes, e mais pelo embaraço de falar ou pelo prazer de escrever do que por qualquer motivo de interesse para mim, ou de vantagem ou prejuízo de outrem. E quem ler minhas *Confissões* imparcialmente, se isso um dia acontecer, sentirá que as revelações são mais humilhantes e penosas do que as de um mal maior, mas menos vergonhoso de relatar – e que não relatei porque não o cometi.

Decorre de todas essas reflexões que a profissão de veracidade que fiz a mim mesmo encontra seu fundamento em sentimentos de retidão e de equidade mais do que na realidade das coisas, e que segui na prática as direções morais de minha consciência mais do que as noções abstratas do verdadeiro e do falso. Por vezes contei fábulas, mas muito raramente menti. Seguindo tais princípios, dei aos outros muito poder sobre mim, mas jamais prejudiquei quem quer que fosse e não atribuí a mim mesmo mais vantagem do que a que me era devida. É unicamente dessa forma, ao que me parece, que a verdade constitui uma virtude.

Em todos os outros aspectos, ela é, para nós, apenas um ser metafísico, do qual não resulta nem bem nem mal.

Não sinto, contudo, meu coração suficientemente satisfeito dessas distinções para acreditar que eu seja inteiramente irrepreensível. Pesando com tanto cuidado o que devia aos outros, teria eu examinado o bastante o que devia a mim mesmo? Se é preciso ser justo para com outrem, é preciso ser verdadeiro para consigo mesmo; é uma homenagem que um homem honesto deve prestar à própria dignidade. Quando a esterilidade de minha conversação me forçava a supri-la com inocentes ficções, eu cometia um erro, pois não se deve, para entreter a outrem, aviltar a si mesmo; e quando, arrastado pelo prazer de escrever, eu acrescentava a coisas reais ornamentos inventados, cometia um erro ainda maior, pois enfeitar a verdade com fábulas é, com efeito, desfigurá-la.

Mas o que me torna mais inexcusável é o lema que eu escolhera. Esse lema me obrigava, mais do que qualquer outro homem, a uma profissão mais estreita da verdade; e não bastava que eu lhe sacrificasse em tudo meu interesse e minhas inclinações; era preciso sacrificar-lhe também minha fraqueza e minha timidez. Era preciso ter a coragem e a força de ser sempre verdadeiro, em todas as ocasiões, e que nunca saíssem nem ficções nem fábulas de uma boca e de uma pena que se tinham dedicado à verdade. Eis o que eu deveria ter dito ao adotar esse altivo lema e repetido incessantemente enquanto ousasse sustentá-lo. Nunca a falsidade ditou minhas mentiras; vieram todas da fraqueza, mas isso não basta para me desculpar. Com uma alma fraca, podemos, quando muito, nos proteger do vício, mas professar grandes virtudes é ser arrogante e temerário.

Aí estão reflexões que provavelmente jamais me teriam vindo à mente se o abade R*** [Rosier] não as tivesse sugerido. É certamente tarde para fazer uso delas, mas não para, pelo menos, corrigir meu erro e reconduzir minha vontade à ordem, pois, agora, isso é tudo que depende de mim. Nisto, portanto, e em todas as coisas semelhantes, a máxima de Sólon é aplicável a todas as idades, e nunca é tarde demais para aprender, mesmo com seus inimigos, a ser sábio, verdadeiro, modesto, e a presumir menos de si mesmo.

QUINTA CAMINHADA

De todas as habitações em que residi (e tive algumas encantadoras), nenhuma me fez tão feliz nem me deixou tão ternas lembranças quanto a Ilha de São Pedro, em meio ao lago de Bienna.[54] Essa pequena ilha, a que, em Neuchâtel, se dá o nome de Isle de La Motte, é muito pouco conhecida, mesmo na Suíça. Nenhum viajante, até onde sei, a menciona. Não obstante, é muito agradável e singularmente situada para a felicidade de um homem que gosta de se circunscrever. Embora eu talvez seja o único no mundo cujo destino tenha feito disso uma lei, não posso acreditar que seja o único a ter por isso um gosto tão natural, ainda que até aqui não o tenha encontrado em mais ninguém.

As margens do lago de Bienna são mais selvagens e românticas do que as do lago de Genebra, pois os rochedos e os bosques circundam a água mais de perto, mas elas não são menos ridentes. Se há menos cultivo de campos e vinhas, menos cidades e casas, há também mais vegetação natural, mais pradarias, asilos sombreados por arvoredos, contrastes mais frequentes e acidentes mais vizinhos. Como não há nessas alegres orlas grandes estradas cômodas para carruagens, a região é pouco frequentada pelos viajantes; mas é interessante para contemplativos solitários que gostam de inebriar-se à vontade com os encantos da natureza e de se recolher num silêncio perturbado por nenhum outro ruído além do grito das águias, do gorjeio entrecortado de alguns pássaros e do ressoar das torrentes que caem da montanha. Essa bela bacia de forma quase redonda encerra, em seu centro, duas pequenas ilhas: uma habitada e cultivada, de cerca de meia légua de circunferência; outra menor,

---

54. A ilha suíça de São Pedro (St. Petersinsel, em alemão; Île de Saint-Pierre, em francês), situada no lago de Bienna (Biel, em alemão; Bienne, em francês), um dos três grandes lagos da cordilheira do Jura, tornou-se, graças às descrições feitas por Rousseau neste texto, um importante ponto turístico da região. (N.T.)

deserta e inculta, e que será, no fim, destruída pelos transportes de terra que dela se extrai continuamente para reparar os danos que as ondas e as tempestades causam à maior. É assim que a substância do fraco é sempre empregada em proveito do poderoso.

Há, na ilha, uma única – embora grande, agradável e cômoda – casa, que pertence, assim como a propriedade, ao hospital de Berna, onde reside um recebedor[55] com sua família e seus criados. Ele mantém no local um numeroso galinheiro, um aviário e reservatórios para os peixes. Em sua pequenez, a ilha é tão variada em seus terrenos e seus aspectos que oferece todas as espécies de sítios e suporta todas as espécies de culturas. Encontram-se nela campos, vinhas, bosques, pomares, abundantes pastos sombreados por bosquezinhos e circundados por arbustos de toda espécie, cujo frescor é mantido pela margem das águas; um alto terraço plantado com duas fileiras de árvores circunda a ilha em seu comprimento, e, no centro desse terraço, construiu-se um bonito salão onde os habitantes das costas vizinhas se reúnem e vêm dançar aos domingos, durante as vindimas.

Foi nessa ilha que me refugiei após a lapidação de Môtiers.[56] Lá, a estadia foi tão encantadora, eu levava uma vida tão conveniente ao meu humor que, decidido a terminar ali os meus dias, não tinha outra inquietude senão a de que não me deixassem executar esse projeto, o qual não se conciliava com o de arrastar-me até a Inglaterra e cujos primeiros efeitos eu já podia sentir.[57] Nos pressentimentos que me inquietavam, desejei que me tivessem feito desse asilo uma prisão perpétua, que me tivessem nela confinado para o resto de minha vida e que, privando-me de qualquer poder e de qualquer esperança de fugir, tivessem me proibido toda espécie de comunicação com a terra firme, de sorte que,

---

55. Do francês *receveur*, funcionário, público ou particular, encarregado da constituição de receitas (impostos e taxas de toda espécie, multas), quer em dinheiro ou em gêneros. (N.T.)
56. Em julho de 1762, Rousseau se instalara em Môtiers, agradável vilarejo na Suíça, no qual esperava terminar seus dias. Sua presença, entretanto, logo provocou incômodo. Os escritos do filósofo foram condenados pelo pastor local, e, em 6 de setembro de 1765, alguns habitantes atiraram pedras contra sua moradia. Dois dias depois, rechaçado pela comunidade, Rousseau abandonou a aldeia e se instalou na Ilha de São Pedro. (N.T.)
57. Rousseau se refere aqui à pressão exercida por David Hume e pela condessa de Boufflers para convencê-lo a fugir para a Inglaterra. A mudança ocorreu no início de 1766. (N.T.)

ignorando tudo que se fazia no mundo, eu tivesse esquecido sua existência e também tivessem esquecido a minha.

Deixaram-me passar, quando muito, dois meses naquela ilha, mas eu teria passado nela dois anos, dois séculos e toda a eternidade sem ficar entediado nem por um momento, embora não tivesse, com minha consorte, outra companhia além da do recebedor, sua esposa e seus criados, os quais, na verdade, eram pessoas muito boas e nada mais. Mas era exatamente aquilo de que eu precisava. Considero esses dois meses a época mais feliz de minha vida, tão feliz que me teria bastado por toda a existência, sem deixar nascer, nem por um instante, em minha alma o desejo de outro estado.

Que felicidade então era aquela e em que consistia seu gozo? Eu deixaria que todos os homens deste século adivinhassem isso com base na descrição da vida que levava. O precioso *far niente*[58] foi o primeiro e o principal desses gozos que desejei saborear em toda sua doçura, e tudo que fiz durante minha estadia foi, com efeito, apenas a ocupação deliciosa e necessária de um homem que se dedicou ao ócio.

A esperança de que não desejassem mais do que deixar-me naquela habitação isolada na qual eu me enlaçara a mim mesmo, da qual me era impossível sair sem assistência e sem ser realmente notado, e na qual eu não podia ter nem comunicação nem correspondência senão pelo concurso das pessoas que me cercavam, essa esperança, digo, dava a encerrar meus dias mais tranquilamente do que eu os passara; e a ideia de que eu tinha tempo de arranjar-me à vontade fez com que eu começasse por não fazer nenhum arranjo. Transportado bruscamente para lá sozinho e nu, mandei vir sucessivamente minha governanta,[59] meus livros e meu reduzido material, que tive o prazer de não desembalar, deixando minhas caixas e meus baús tais como haviam chegado e vivendo na casa em que eu esperava encerrar meus dias assim como numa estalagem da qual pudesse ter partido no dia seguinte.

---

58. Expressão italiana que significa "não fazer nada", designando o ócio agradável (diz-se comumente *dolce far niente*). (N.T.)
59. Thérèse Levasseur, a quem o filósofo chamava "governanta", era na verdade a esposa de Rousseau. (N.T.)

Todas as coisas iam tão bem que organizá-las melhor significava estragar alguma coisa. Uma de minhas maiores delícias era, sobretudo, deixar sempre meus livros bem encaixotados e não ter nenhuma escrivaninha.[60] Quando infelizes cartas me forçavam a pegar a pena para respondê-las, tomava emprestado, resmungando, a escrivaninha do recebedor, e me apressava em devolvê-la na vã esperança de não ter mais necessidade de pedi-la novamente.

Em vez dessa triste papelada e de todos esses alfarrábios, eu enchia meu quarto com flores e feno; estava então em meu primeiro fervor de botânica, para a qual o dr. D'Ivernois[61] me inspirara um gosto que logo se tornou paixão. Não desejando mais uma obra de trabalho, eu precisava de uma de divertimento que me agradasse e que não me exigisse esforço além do de um preguiçoso. Decidi fazer a *Flora petrinsularis*[62] e descrever todas as plantas da ilha sem omitir uma só, com detalhamento suficiente para me manter ocupado até o resto de meus dias. Dizem que um alemão escreveu um livro sobre a casca de um limão; já eu teria escrito um livro sobre cada folha de grama dos prados, sobre cada musgo dos bosques, sobre cada líquen que recobre os rochedos; enfim, eu não queria deixar nenhuma erva, nenhum átomo vegetal, sem ser amplamente descrito.

Como consequência desse belo projeto, todas as manhãs, após o desjejum, que fazíamos todos juntos, eu saía, com uma lupa na mão e meu *Systema naturæ*[63] sob o braço, para visitar um cantão da ilha, que, para esse efeito, eu dividira em pequenas seções, com o intuito de percorrê-las uma após a outra, em cada estação. Nada é mais singular do que os arrebatamentos, os êxtases, que eu sentia a cada observação que fazia sobre a estrutura e a organização vegetal e sobre o funcionamento das partes sexuais na frutificação, cujo sistema era então absolutamente novo para mim. A distinção dos caracteres genéricos, dos quais eu não tinha conhecimento, encantava-me quando os verificava nas espécies comuns, esperando que se oferecessem a mim outras mais

---

60. O termo empregado no texto original, "écritoire", designa uma escrivaninha portátil, um estojo dotado de todo o necessário para escrever. (N.T.)
61. Jean-Antoine d'Ivernois (1703-1765), médico e naturalista de Môtiers. (N.T.)
62. Expressão latina que poderia designar a "flora da Ilha de São Pedro". (N.T.)
63. O *Sistema da Natureza*, obra-mestra do médico, biólogo e botânico sueco Carl Nilsson Linnæus, na qual ele expõe suas ideias sobre a classificação hierárquica do mundo natural. (N.T.)

raras. A bifurcação dos dois longos estames[64] da bruneliácea, a força dos da urtiga e da parietária, a explosão do fruto da balsamina e da cápsula do buxo, mil pequenos jogos da frutificação que eu observava pela primeira vez me enchiam de alegria; e eu perguntava se alguém jamais vira os esporos da bruneliácea, assim como La Fontaine perguntava se alguém já tinha lido Habacuque.[65] Ao cabo de duas ou três horas, eu retornava carregando uma ampla ceifa, provisão de divertimento para depois do jantar na residência, em caso de chuva.

No restante da manhã eu ia, com o recebedor, a esposa dele e Thérese, visitar seus operários e sua colheita, e na maioria das vezes acabava trabalhando junto com eles. Alguns berneses que com frequência iam me visitar encontraram-me empoleirado em grandes árvores, envolto num saco que eu enchia de frutos e descia em seguida até o chão com uma corda. O exercício que eu fizera pela manhã e o bom humor que lhe é inseparável tornavam o repouso do jantar muito agradável, mas, quando a refeição se prolongava em demasia e o tempo bom me convidava, eu não podia esperar por muito tempo: enquanto os outros ainda estavam à mesa, esquivava-me e ia lançar-me sozinho num barco que eu conduzia até o meio do lago, onde a água estava calma. Lá, deitado no barco e com os olhos voltados para o céu, deixava-me arrastar e vaguear lentamente ao sabor da correnteza, por vezes durante horas, mergulhado em mil devaneios confusos mas deliciosos, e que, sem qualquer objeto determinado ou constante, não deixavam de ser, para o meu gosto, cem vezes preferíveis a tudo que eu encontrara de mais doce naquilo que se denominam os prazeres da vida.

Avisado pelo pôr do sol da hora de retornar, eu era levado para tão longe da ilha que me via forçado a trabalhar com toda a minha força para chegar antes da noite fechada. Outras vezes, em vez de divagar lago adentro, divertia-me costeando as verdejantes margens da ilha, cujas

---

64. O estame é o órgão reprodutor masculino de uma flor, que produz o pólen necessário à fecundação. (N.T.)
65. Parece haver aqui um equívoco de Rousseau, que se refere a uma anedota relatada por Louis Racine em seu *Mémoire sur la vie de Jean Racine* (1752). Após ser instruído por Jean Racine a respeito do Livro de Baruque, um dos livros deuterocanônicos do Antigo Testamento, La Fontaine teria criado o costume de perguntar a todos se haviam lido Baruque, e não Habacuque. (N.T.)

límpidas águas e frescas sombras me convidavam para um banho. Mas uma de minhas navegações mais frequentes consistia em ir da grande até a pequena ilha, desembarcar e lá permanecer após o jantar, ora fazendo caminhadas muito circunscritas em meio aos salgueiros, aos amieiros, às persicárias, aos arbustos de toda espécie, ora instalando-me no topo de um montículo arenoso coberto de grama, serpão, flores, até mesmo de sanfeno, e trevos que provavelmente foram semeados no passado e muito adequado a abrigar coelhos que podiam lá multiplicar-se em paz, sem nada temer e sem nada prejudicar.

Dei essa ideia ao recebedor, que mandou vir de Neuchâtel coelhos machos e fêmeas, e fomos, com grande pompa, sua mulher, uma de suas irmãs, Thérese e eu estabelecê-los na pequena ilha, a qual eles começavam a povoar antes de minha partida e onde devem ter prosperado se conseguiram suportar o rigor dos invernos. A fundação dessa pequena colônia foi uma festa. O piloto dos Argonautas[66] não estava mais orgulhoso do que eu, conduzindo triunfantemente a companhia e os coelhos da grande ilha até a pequena; e eu notava com orgulho que a mulher do recebedor, que tinha fobia de água, e sempre se sentia mal, se dispôs a embarcar com confiança sob a minha direção e não demonstrou medo algum durante a travessia.

Quando o lago estava agitado e não me permitia a navegação, eu passava a tarde percorrendo a ilha, herborizando à direita e à esquerda, ora sentando-me nos redutos mais ridentes e mais solitários para lá sonhar à vontade, ora nos terraços e nas colinas, para perscrutar a soberba e arrebatadora vista do lago e de suas margens, coroadas, de um lado, por montanhas próximas e alargadas, de outro, por ricas e férteis planícies nas quais a vista se estendia até as mais distantes montanhas azuladas que a delimitavam.

Quando a noite se aproximava, eu descia dos cumes da ilha e ia com muito gosto sentar-me à beira do lago, sobre a orla, em algum asilo escondido; lá, o ruído das ondas e a agitação da água, fixando meus sentidos e expulsando de minha alma qualquer outra inquietação, a mergulhavam num devaneio delicioso, no qual a noite frequentemente me surpreendia

---

66. Referência aos tripulantes da *Argo*, que, segundo a mitologia grega, teriam partido, sob a liderança de Jasão, em busca do Velo de Ouro, em Cólquida. (N.T.)

sem que eu a tivesse percebido. O fluxo e o refluxo daquela água, seu ruído constante mas amplificado por intervalos, atingindo sem descanso meu ouvido e meus olhos, supriam os movimentos internos que o devaneio apagava em mim e bastavam para fazer-me sentir com prazer minha existência, sem dar-me ao trabalho de pensar. De tempos em tempos, nascia alguma frágil e curta reflexão sobre a instabilidade das coisas deste mundo, cuja imagem me era oferecida pela superfície das águas. Logo essas ligeiras impressões se apagavam na uniformidade do movimento contínuo que me embalava, e que, sem nenhum auxílio ativo de minha alma, não deixava de me cativar, a tal ponto que, chamado pela hora e pelo sinal combinado, eu não conseguia sair de lá sem esforço.

Após a ceia, quando era bela a noite, íamos todos caminhar no terraço para respirar o frescor e o ar do lago. Descansávamos no pavilhão, ríamos, conversávamos, cantávamos alguma velha canção que valia tanto quanto o balbuciar moderno, e finalmente íamos nos deitar satisfeitos da jornada e desejando apenas outra semelhante para o dia seguinte.

Deixando de lado as visitas imprevistas e inoportunas, essa é a maneira como passei meu tempo durante minha estadia naquela ilha. Que me digam agora o que existe lá de tão atraente para estimular em meu coração uma nostalgia tão intensa, tão terna e tão durável que, após quinze anos, me é impossível pensar naquela habitação querida sem toda vez sentir-me transportado para lá pelos ímpetos do desejo.

Observei, nas vicissitudes de uma longa vida, que as épocas dos mais doces gozos e dos prazeres mais intensos não são, entretanto, aquelas cuja recordação me atrai e me comove mais. Por mais vivos que possam ser, esses curtos momentos de delírio e de paixão são, todavia, por sua própria vivacidade, apenas pontos bem dispersos na linha da vida. São demasiado breves e rápidos para constituir um estado; e a felicidade de que meu coração sente falta não é composta de instantes passageiros, e sim um estado simples e permanente, que nada tem de vivo em si mesmo, mas cujo encanto é ampliado pela duração ao ponto de finalmente encontrar nela a suprema felicidade.

Tudo se encontra num fluxo contínuo na terra. Nela, nada mantém uma forma constante e definida, e nossas afeições, que se prendem às coisas exteriores, necessariamente passam e mudam, assim como elas. Sempre à frente ou atrás de nós, elas relembram o passado que não é mais ou previnem o futuro que frequentemente não há de ser: não há aí nada de sólido a que o coração possa se agarrar. Por isso, encontramos aqui nesta terra apenas prazer passageiro; quanto à felicidade duradoura, duvido que seja conhecida. Mal se encontra em nossos mais intensos gozos um instante em que o coração possa verdadeiramente dizer: "Gostaria que este instante durasse para sempre". E como se poderia chamar felicidade a um estado passageiro que nos deixa ainda o coração inquieto e vazio, que nos faz sentir falta de alguma coisa antes ou ainda desejar alguma coisa depois?

Se existe, porém, um estado em que a alma encontra um alicerce suficientemente sólido para nele repousar e reunir todo o seu ser, sem ter necessidade de relembrar o passado, nem de saltar para o futuro; em que o tempo não é nada, em que o presente dura para sempre, sem, todavia, marcar sua duração e sem nenhum indício de continuidade, sem nenhum outro sentimento de privação ou de gozo, de prazer ou de sofrimento, de desejo ou de temor além do de nossa existência, e que apenas esse sentimento possa preenchê-la por inteiro, enquanto dura esse estado, aquele que nele se encontra pode dizer-se feliz, não de uma felicidade imperfeita, pobre e relativa, como a que encontramos nos prazeres da vida, mas de uma felicidade suficiente, perfeita e plena, que não deixa na alma nenhum vazio que ela sinta necessidade de preencher. Esse é o estado em que costumava me encontrar na Ilha de São Pedro, em meus devaneios solitários, fosse deitado em meu barco, que eu deixava navegar à deriva, ao sabor da correnteza, fosse sentado nas margens do lago agitado, fosse, em outro lugar, à beira de um belo rio ou de um regato quebrando-se sobre o cascalho.

De que gozamos em semelhante situação? De nada exterior a nós, de nada senão de nós mesmos e de nossa própria existência; enquanto dura esse estado, bastamo-nos a nós mesmos, assim como Deus. O sentimento da existência, despojado de qualquer outra afeição, é, por si mesmo, um sentimento precioso de contentamento e de paz, que bastaria para tornar essa existência preciosa e doce àquele que soubesse afastar de si todas as impressões sensuais e terrenas que vêm incessantemente nos desviar dele e perturbar-lhe a doçura neste mundo. Mas a maioria dos homens atormentados por paixões contínuas pouco conhece esse estado. E não o tendo provado senão imperfeitamente durante poucos instantes, conservam dele apenas uma ideia obscura e confusa, que não os faz sentir seu encanto. Não seria bom, na atual constituição das coisas, que, ávidos por esses doces êxtases, eles tomassem desgosto pela vida ativa, que suas necessidades sempre renascentes lhes prescrevem como dever. Mas um desafortunado, cortado da sociedade humana e que não pode fazer mais nada de útil nesta terra e de bom para outrem ou para si, pode encontrar nesse estado, para todas as felicidades humanas, compensações das quais a fortuna e os homens não poderiam privá-lo.

É verdade que essas compensações não podem ser sentidas por todas as almas nem em todas as situações. É preciso que o coração esteja em paz e que nenhuma paixão venha perturbar-lhe a calma. São necessárias disposições por parte daquele que as sente; são necessárias no concurso dos objetos circundantes. Não deve haver nem repouso absoluto, nem demasiada agitação, mas um movimento uniforme e moderado que não tenha nem solavancos nem intervalos. Sem movimento, a vida é apenas uma letargia. Se o movimento é desigual ou demasiado forte, ele desperta; chamando-nos de volta para os objetos circundantes, ele destrói o encanto do devaneio e nos arranca de dentro de nós mesmos para imediatamente nos recolocar sob o jugo do destino e dos homens, além de nos devolver ao sentimento de nossos infortúnios. Um silêncio absoluto conduz à tristeza. Ele oferece uma imagem da morte. Então, o socorro de uma imaginação ridente é necessário e se apresenta assaz naturalmente àqueles que com ela foram gratificados pelo céu. O movimento que não vem de fora se faz então dentro de nós. O repouso é menor, é verdade, mas também é mais agradável, quando leves e suaves ideias, sem agitar o fundo da alma, limitam-se, por assim dizer, a roçar-lhe a superfície. Esse é todo o necessário para lembrar-se de si mesmo, esquecendo-se de todos os seus males. Pode-se provar essa espécie de devaneio em todo lugar em que se possa estar tranquilo, e pensei que, na Bastilha e até mesmo num calabouço, onde nenhum objeto viesse atingir minha vista, eu ainda teria podido sonhar agradavelmente.

É preciso, porém, reconhecer que isso se fazia muito melhor e mais agradavelmente numa ilha fértil e solitária, naturalmente circunscrita e separada do resto do mundo, onde me eram oferecidas apenas imagens ridentes, onde nada trazia recordações entristecedoras, onde a companhia dos poucos habitantes era agregadora e doce, sem ser interessante a ponto de ocupar-me continuamente, onde, por fim, eu podia me dedicar o dia inteiro, sem obstáculos e sem cuidados, às ocupações de meu gosto ou ao mais indolente ócio. Com certeza era uma bela ocasião para um sonhador que, sabendo alimentar-se de agradáveis quimeras em meio aos objetos mais desagradáveis, podia saciar-se à vontade, fazendo concorrer tudo que realmente impressionava seus sentidos. Saindo de um longo e doce devaneio, vendo-me envolto de vegetação, flores, pássaros, e deixando meus olhos vaguearem ao longe, nas romanescas margens que delimitavam uma vasta extensão de água clara e cristalina, assimilava às minhas ficções todos esses amáveis objetos e, quando reconduzido gradualmente a mim mesmo e ao que me cercava, eu não podia marcar o ponto de separação entre as ficções e as realidades, tanto que tudo concorria igualmente para me tornar preciosa a vida meditativa e solitária que eu levava naquele belo lugar. Se ela ainda pudesse renascer! Se eu pudesse encerrar meus dias naquela ilha querida, sem nunca mais a deixar nem jamais rever nenhum habitante do continente que me relembrasse as calamidades de toda espécie que, há tantos anos, eles sentem prazer em reunir sobre mim! Seriam logo esquecidos para sempre: certamente não me esqueceriam da mesma maneira; mas que me importaria isso, contanto que não tivessem nenhum acesso para vir perturbar meu repouso? Livre de todas as paixões terrenas geradas pelo tumulto da vida social, minha alma se lançaria frequentemente acima desta atmosfera e trataria antecipadamente com as inteligências celestes, cujo número ela espera aumentar em pouco tempo. Os homens se absterão, eu sei, de me devolver tão doce asilo, no qual não quiseram me deixar. Mas não me impedirão, pelo menos, de para lá me transportar todos os dias, nas asas da imaginação, e de lá provar, durante algumas horas, o mesmo prazer que teria se ainda o habitasse. O que eu faria lá de mais doce seria sonhar à vontade. Sonhando que lá me encontro, não faço a mesma coisa? Faço até mesmo mais; à atração de um devaneio abstrato e monótono, acrescento imagens encantadoras que o revigoram. Em meus êxtases, seus objetos frequentemente escapavam aos meus sentidos, e, agora, quanto mais profundo é meu devaneio, mais intensamente ele os retrata. Muitas vezes, encontro-me mais cercado deles, e ainda mais agradavelmente, do que quando eu de fato lá me encontrava. A desgraça é que, à medida que enfraquece, a imaginação surge com mais dificuldade e não dura tanto tempo. Infelizmente, quando começamos a deixar nossos despojos é que mais somos por eles ofuscados!

SEXTA CAMINHADA

Temos poucos movimentos maquinais cuja causa não possamos encontrar em nosso coração, se soubermos procurá-la bem.

Ontem, passando pelo novo bulevar para ir herborizar ao longo do Bièvre,[67] pelas bandas de Gentilly,[68] fiz um desvio à direita ao aproximar-me da Barreira d'Enfer,[69] e, afastando-me pelo campo, eu ia pela estrada de Fontainebleau[70] alcançar as alturas que circundam esse pequeno rio. Essa caminhada era muito indiferente em si mesma, mas, lembrando que havia feito várias vezes, maquinalmente, esse mesmo desvio, procurei a causa disso em mim mesmo, e não pude me impedir de rir quando a desvendei.

Num canto do bulevar, na saída da Barreira d'Enfer, instala-se diariamente, no verão, uma mulher que vende frutas, chá e pãezinhos. Essa mulher tem um filho pequeno, muito gentil, mas manco, que, coxeando com suas muletas, sai com bastante elegância para pedir esmola aos passantes. Eu conhecera de alguma forma esse homenzinho; ele não deixava, toda vez que eu passava, de vir fazer-me sua pequena saudação, sempre seguida de minha pequena oferenda. Nas primeiras vezes, fiquei encantado em vê-lo, entregava o dinheiro com muito gosto, e continuei a fazê-lo por algum tempo com o mesmo prazer, até mesmo, na maioria das vezes, estimulando-o e escutando sua pequena tagarelice, que me era agradável. Tornando-se hábito, esse prazer se viu, não sei como, transformado

---

67. Afluente do rio Sena. (N.T.)
68. Comuna situada na periferia de Paris. (N.T.)
69. Instalada na atual praça Denfert-Rochereau, em Paris, a Barreira d'Enfer compreendia dois edifícios paralelos entre os quais se controlava a passagem pelo muro dos Fazendeiros Gerais, financistas responsáveis pela coleta de impostos no Antigo Regime. O muro viabilizava a percepção de tributos, em pontos de passagem, sobre mercadorias que entravam na capital francesa. Nas diferentes barreiras dispostas entre pavilhões simétricos, funcionava a administração encarregada de fazer a cobrança. (N.T.)
70. Comuna situada 57 quilômetros ao sudeste de Paris. (N.T.)

numa espécie de dever, com o qual logo me senti incomodado, sobretudo por conta da arenga preliminar que era preciso escutar, quando ele me chamava de sr. Rousseau para mostrar que me conhecia bem, o que, ao contrário, bastava para me indicar que não me conhecia mais do que aqueles que o haviam instruído. A partir de então, passei por lá com menos boa vontade, e finalmente adquiri o hábito de fazer, na maioria das vezes, um desvio quando eu percebia essa travessa.

Eis o que descobri, refletindo a respeito – pois nada disso surgira até então no meu pensamento. Essa observação me relembrou sucessivamente muitas outras que me confirmaram que os verdadeiros e primeiros motivos da maioria de minhas ações não são tão claros quanto eu por tanto tempo pensara. Sei e sinto que fazer o bem é a mais verdadeira felicidade que o coração humano pode provar; mas há muito essa felicidade foi posta fora de meu alcance, e não é numa condição tão miserável quanto a minha que se pode esperar realizar, com critério e frutos, uma única ação realmente boa. O maior cuidado daqueles que regulam meu destino foi o de que tudo para mim fosse apenas falsa e enganosa aparência – um motivo de virtude nunca é mais do que um engodo que me é apresentado para atrair-me para a armadilha na qual me querem enlaçar. Isso eu sei; sei que o único bem que está agora em meu poder é o de me abster de agir, por temer agir mal sem querer e sem saber.

Houve, porém, tempos mais felizes em que, seguindo os movimentos de meu coração, eu podia, por vezes, fazer outro coração contente; e devo-me o honroso testemunho de que, toda vez que pude provar esse prazer, pareceu-me mais doce do que qualquer outro. Essa inclinação foi intensa, verdadeira, pura, e nada em meu mais secreto interior jamais o desmentiu. Não obstante, frequentemente senti o peso de minhas próprias mercês pelo encadeamento dos deveres que elas acarretavam: então, o prazer desapareceu e nunca mais encontrei, na continuação dos mesmos cuidados que me tinham inicialmente encantado, nada além de um incômodo quase insuportável. Durante minhas curtas prosperidades, muitas pessoas recorriam a mim, e nunca, em todos os serviços que lhes pude prestar, uma delas foi rejeitada. Mas dessas primeiras mercês prestadas com efusão de coração, nasciam cadeias de compromissos sucessivos que eu não havia previsto e cujo jugo eu não podia mais abalar. Meus primeiros serviços eram, aos olhos daqueles que os recebiam, apenas o sinal daqueles que estavam por vir; e, assim que algum desafortunado me agarrava por uma mercê recebida, não havia mais saída, e essa primeira mercê livre e voluntária se tornava um direito indefinido a todas aquelas de que ele podia ter posteriormente necessidade, sem que a própria impotência bastasse para libertar-me dele. É assim que prazeres muito doces se transformavam então para mim em onerosas obrigações.

Essas cadeias, entretanto, não me pareceram muito pesadas quando, ignorado pelo público, vivi na obscuridade. Mas, a partir do momento em que minha pessoa foi difundida por meio de meus escritos, erro certamente grave, mas mais do que expiado por meus infortúnios, tornei-me o gabinete geral para onde se encaminhavam todos os debilitados ou pretensos debilitados, todos os aventureiros que procuravam tapear, todos aqueles que, sob o pretexto do grande crédito que fingiam me atribuir, queriam apoderar-se de mim, de uma maneira ou de outra. Foi então que pude descobrir que todas as inclinações da natureza, sem excetuar a própria beneficência, introduzidas ou seguidas na sociedade sem prudência e sem critério, mudam de natureza e se tornam frequentemente tão nocivas quanto eram úteis em sua direção primeira. Tantas cruéis experiências alteraram pouco a pouco minhas primeiras disposições ou, antes, encerrando-as finalmente em seus verdadeiros limites, ensinaram-me a seguir menos cegamente minha inclinação a agir bem, quando ela servia apenas para favorecer a maldade de outrem.

Não tenho, porém, nenhum arrependimento dessas mesmas experiências, pois elas me proporcionaram, pela reflexão, novas luzes sobre o conhecimento de mim mesmo e sobre os verdadeiros motivos de minha conduta em mil circunstâncias sobre as quais tanto me iludi. Vi que, para sentir prazer, era preciso agir com liberdade, sem constrangimentos, e que, para suprimir toda a doçura de uma boa ação, bastava que ela se tornasse um dever para mim. A partir de então, o peso da obrigação torna os mais doces prazeres um fardo. E, como eu disse em *Emílio*,[71]

---

71. *Emílio ou Da educação*, famoso e polêmico tratado que Rousseau publicara em 1762 e, ainda hoje, uma das obras mais lidas sobre o assunto. Descrevendo as etapas de uma educação ideal, por meio da narração da formação de um jovem fictício, o filósofo introduzia, em meio ao conteúdo de caráter pedagógico, reflexões sobre todos os grandes temas da filosofia do século XVIII. Suas ideias religiosas, expostas no segmento intitulado "A profissão de fé do vigário saboiano", eram particularmente controversas. (N.T.)

eu teria sido entre os turcos um mau marido, quando uma proclamação pública os chama a cumprir os deveres de seu estado.

Aí está algo que modifica muito a opinião que por muito tempo tive de minha própria virtude: não há problema nenhum em seguir suas inclinações e em dar-se, quando elas nos levam a isso, o prazer de agir bem; mas ela consiste em vencê-las quando o dever o ordena, para fazer o que ele nos prescreve, e aí está o que eu soube fazer menos do que um homem da sociedade. Tendo nascido sensível e bom, levando a piedade até a fraqueza, e sentindo minha alma exaltar-se por tudo que se deve à generosidade, fui humano, benfazejo, prestativo, por gosto e até mesmo por paixão, enquanto cativou-se apenas meu coração; eu teria sido o melhor e mais clemente dos homens se tivesse sido o mais poderoso e, para apagar em mim todo desejo de vingança, ter-me-ia bastado poder me vingar. Teria até mesmo sido justo, sem esforço, contra o meu próprio interesse, mas, contra o das pessoas que me eram preciosas, eu não teria podido me resolver a sê-lo. Assim que meu dever e meu coração entravam em contradição, o primeiro raramente obtinha a vitória, a menos que bastasse apenas que eu me abstivesse; eu era então forte na maioria das vezes; mas agir contra a minha inclinação sempre me foi impossível. Quer comandem os homens, o dever ou mesmo a necessidade, quando meu coração se cala, minha vontade permanece surda, e eu não poderia obedecer. Vejo o mal que me ameaça e deixo-o chegar, em vez de agitar-me para preveni-lo. Começo por vezes com esforço, mas tal esforço me cansa e me esgota muito rapidamente; não poderia continuar. Em todas as coisas imagináveis, o que não faço com prazer logo se torna impossível de fazer.

Isso não é tudo. O constrangimento em desacordo com meu desejo basta para aniquilá-lo e transformá-lo em repugnância, e até mesmo em aversão, por pouco que ele aja com demasiada força; e é isso que me torna penosa a boa ação que se exige e que, quando não se a exigia, eu fazia por minha própria iniciativa. Uma mercê puramente gratuita é de fato uma obra que aprecio fazer. Mas, a partir do momento em que aquele que a recebeu faz da mercê um título para exigir sua continuação, sob pena de odiar-me, quando me impõe como lei ser para sempre seu benfeitor, por ter inicialmente sentido prazer em sê-lo, o incômodo começa e o prazer se esvai. O que faço então quando cedo à fraqueza e à falsa vergonha, mas a boa vontade não está mais presente? Longe de me aplaudir, condeno-me em minha consciência por agir a contragosto.

Sei que há uma espécie de contrato, e até mesmo o mais santo de todos, entre o benfeitor e o favorecido. É uma espécie de sociedade que formam um com o outro, mais estreita do que a que une os homens em geral. Se o favorecido se compromete tacitamente ao reconhecimento, o benfeitor também se compromete a manter, em relação ao outro, enquanto este não se tornar indigno dela, a mesma boa vontade que acaba de testemunhar e a renovar os atos em seu favor sempre que puder e for requisitado. Não são estas condições expressas, mas efeitos naturais da relação que acaba de se estabelecer entre eles. Aquele que, na primeira vez, recusa um serviço gratuito que lhe é pedido não dá a quem recusou direito de queixar-se. Por outro lado, aquele que, em semelhante caso, recusa à mesma pessoa a mesma graça que lhe concedeu anteriormente frustra uma esperança que ele próprio a autorizou a conceder; engana e desmente uma expectativa que ele fez nascer. Sente-se nessa recusa um não sei quê de injusto e de mais rígido do que na outra, mas ela não deixa de ser o efeito de uma independência que o coração aprecia e à qual não renuncia sem esforço. Quando pago uma dívida, é um dever que cumpro; quando faço uma doação, é um prazer que ofereço a mim mesmo. Ora, o prazer de cumprir seus deveres é daqueles que apenas o hábito da virtude faz nascer: aqueles que nos vêm imediatamente da natureza não se elevam tão alto assim.

Após tantas experiências tristes, aprendi a prever de longe as consequências de meus primeiros desvios e acabei me abstendo da boa ação que eu desejava e podia fazer, assustado com a obrigação à qual posteriormente iria submeter-me, caso me entregasse a ela sem reflexão. Nem sempre senti esse temor; ao contrário, em minha juventude, eu me afeiçoava por minhas próprias mercês e, da mesma forma, senti que aqueles que eu favorecia se afeiçoavam a mim ainda mais por reconhecimento do que por interesse. Mas as coisas mudaram muito de figura a esse respeito, assim como a qualquer outro, depois que meus infortúnios tiveram início. Vivi desde então numa geração nova que em nada se assemelhava à antiga, e meus próprios sentimentos pelos outros sofreram mudanças que encontrei nos deles. As mesmas pessoas que vi nessas duas gerações tão diferentes se assimilaram, por assim dizer, sucessivamente a uma e a outra. De verdadeiras e francas que inicialmente eram, tornando-se o que são hoje, elas fizeram como todas as outras. E pelo mero fato de que os tempos mudaram, os homens mudaram como eles. Ah, como eu poderia manter os mesmos sentimentos por aqueles em quem encontro o contrário do que os fez nascer? Não os odeio de modo algum, pois não saberia odiar; mas não posso me proibir de sentir o desprezo que merecem, nem me abster de manifestá-lo.

Talvez, sem o perceber, eu mesmo tenha mudado mais do que o necessário. Que natural resistiria, sem alterar-se, numa situação semelhante à minha? Convencido por vinte anos de experiência de que todas as felizes disposições que a natureza introduziu em meu coração estão voltadas, por meu destino e por aqueles que o controlam, em meu prejuízo ou no de outrem, não posso mais encarar uma boa ação senão como uma armadilha preparada para mim, e sob a qual se dissimula algum mal. Sei que, seja qual for o efeito da ação, não deixarei de ter o mérito de minha boa intenção. Sim, esse mérito certamente ainda está aí, mas o encanto interior não mais; e basta sentir falta desse estimulante para que apenas a indiferença e a frieza tomem conta de mim. Certo de que, em vez de realizar uma ação verdadeiramente útil, cometo apenas uma ingenuidade, a indignação do amor-próprio, unida à desaprovação da razão, me inspira apenas repugnância e resistência, aí onde, em meu estado natural, eu teria estado repleto de ardor e de zelo.

Algumas adversidades elevam e reforçam a alma, mas outras a abatem e a matam; assim é esta de que sou vítima. Ainda que tivesse existido alguma má levedura em minha alma, teria fermentado em excesso, e eu teria me tornado frenético; mas ela apenas me tornou nulo. Incapaz de agir bem, em meu benefício e no de outrem, abstenho-me de agir; e esse estado, que é inocente apenas porque é forçado, me faz encontrar uma espécie de doçura em entregar-me plenamente e sem reprovação à minha inclinação natural. Com certeza vou longe demais, pois evito as ocasiões de agir, até mesmo aí onde vejo apenas o bem a ser feito. Mas, convencido de que não me deixam ver as coisas como são, abstenho-me de julgar com base nas aparências que lhes é dada; e seja qual for o engodo com que se cobrem os motivos de agir, basta que esses motivos sejam deixados ao meu alcance para que eu saiba que são enganosos.

Meu destino parece ter preparado, desde a minha infância, a primeira armadilha que me tornou por muito tempo tão propenso a cair em todas as outras. Nasci o mais confiante dos homens, e durante quarenta anos inteiros, nunca, nem por uma única vez, essa confiança foi traída. Caindo de repente em outra ordem de pessoas e de coisas, entrei em mil emboscadas sem nunca perceber nenhuma, e vinte anos de experiência mal bastaram para esclarecer-me sobre minha sorte. Uma vez convencido de que há apenas mentira e falsidade nas demonstrações afetadas que me são prodigalizadas, passei rapidamente para a outra extremidade: uma vez que deixamos nosso natural, não há mais limites que nos detenham. A partir de então, tomei desgosto pelos homens, e minha vontade, concorrendo com a deles a esse respeito, me mantém ainda mais distante deles do que fazem suas artimanhas.

Façam o que fizerem, essa repugnância não pode nunca chegar a aversão. Pensando na dependência em que se colocaram em relação a mim, para me manter dependente deles, inspiram-me uma piedade real. Se sou infeliz, eles também o são, e toda vez que reflito profundamente, considero-os sempre dignos de pena. O orgulho talvez ainda se misture a esses juízos; sinto-me demasiadamente superior a eles para odiá-los. Pode interessar-me, quando muito, até o desprezo, mas nunca o ódio: amo-me demais para poder odiar quem quer que seja. Isso seria estreitar, comprimir minha existência, e eu desejaria, antes, estendê-la sobre todo o universo.

Prefiro afastar-me deles a odiá-los. Seu aspecto atinge meus sentidos e, por meio deles, meu coração, com impressões que mil olhares cruéis me tornam penosas; mas o mal-estar cessa tão logo desaparece o objeto que o causa. Preocupo-me com eles, e muito contra minha vontade, por sua presença, mas nunca por sua recordação. Quando não os vejo mais, são para mim como se não existissem.

Nem sequer me são indiferentes, senão no que me diz respeito: nas relações entre eles, podem ainda interessar-me e comover-me como as personagens de um drama a cuja representação eu assistisse. Seria preciso que meu ser moral fosse aniquilado para que a justiça se tornasse indiferente a mim. O espetáculo da injustiça e da maldade ainda faz ferver meu sangue de cólera; os atos de virtude nos quais não vejo nem jactância nem ostentação me fazem sempre estremecer de alegria, e ainda me arrancam doces lágrimas. Mas é preciso que eu os veja e os aprecie por mim mesmo, pois, após minha própria história, seria preciso que eu fosse insensato para adotar, sobre qualquer coisa, o juízo dos homens, e para acreditar em qualquer coisa com base na palavra de outrem.

Se minha fisionomia e meus traços fossem perfeitamente desconhecidos dos homens, como são meu caráter e meu natural, eu ainda viveria sem dificuldades entre eles. O convívio poderia até mesmo ser agradável, enquanto eu lhes permanecesse perfeitamente estranho. Entregue sem constrangimento a minhas inclinações naturais, eu ainda os amaria, caso nunca se preocupassem comigo. Exerceria sobre eles uma benevolência universal e perfeitamente desinteressada; mas, sem nunca formar um vínculo particular e sem suportar o jugo de nenhum dever, eu lhes faria, livre e espontaneamente, tudo que encontram tanta dificuldade em fazer, incitados por seu amor-próprio e coagidos por todas as suas leis.

Se eu tivesse permanecido livre, obscuro, isolado, como havia sido feito para ser, teria feito apenas o bem; não tenho no coração o germe de nenhuma paixão nociva. Se eu tivesse nascido invisível e todo-poderoso como Deus, teria sido benfazejo e bom como ele. É a força e a liberdade que fazem os excelentes homens. A fraqueza e a escravidão nunca fizeram nada além de homens maus. Se eu tivesse sido o possuidor do anel de Giges,[72] ele me teria tirado da dependência dos homens e os teria posto sob a minha. Frequentemente me perguntei, em meus castelos no ar,[73] que uso eu teria feito desse anel, pois é realmente aí que a tentação de abusar deve estar próxima do poder. Capaz de contentar meus desejos, capaz de tudo e sem poder ser enganado por ninguém, o que eu poderia ter desejado? Uma única coisa: ver todos os corações contentes. Apenas o aspecto da felicidade pública teria podido tocar meu coração com um sentimento permanente; e o ardente desejo de concorrer para isso teria sido minha mais constante paixão. Sempre justo sem

---

72. Presente n'*A República de Platão*, trata-se de lenda segundo a qual um pastor, chamado Giges, encontra um anel que lhe dá o poder da invisibilidade. Livre dos olhares dos outros homens, Giges passa praticar más ações, no intuito de concentrar o poder em suas mãos. A história tinha por fim suscitar um questionamento moral sobre a transparência das ações humanas. (N.T.)

73. No original, *chateaux en Espagne* ("castelos na Espanha"), expressão que designa algo impossível ou irrealizável. Na origem, a expressão remetia ao fato de que não se encontravam castelos nos campos espanhóis. Ela encontra, na língua portuguesa, equivalência na expressão "castelos no ar". (N.T.)

parcialidade, e sempre bom sem fraqueza, eu me teria também protegido das desconfianças cegas e dos ódios implacáveis, porque vendo os homens tais como são e lendo facilmente o fundo de seus corações, eu teria encontrado poucos deles suficientemente amáveis para merecerem todas as minhas afeições e poucos suficientemente odiosos para merecerem todo o meu ódio, e porque sua própria maldade me teria disposto a apiedar-me deles, pelo conhecimento certo do mal que fazem a si mesmos, desejando fazê-lo a outrem. Talvez eu tivesse tido, em momentos de alegria, a infantilidade de operar, por vezes, prodígios; mas, perfeitamente desinteressado por mim mesmo, e tendo por lei apenas minhas inclinações naturais, para alguns atos de justiça severa, eu teria cometido mil outros de clemência e de equidade. Na condição de ministro da Providência e dispensador de suas leis de acordo com meu poder, eu teria feito milagres mais sábios e mais úteis que os da lenda dourada[74] e os do túmulo de Saint-Médard.[75]

Há apenas um ponto sobre o qual a faculdade de ser onipresente teria me levado a buscar tentações às quais eu talvez não conseguisse resistir; e uma vez nessas vias de desvario, para onde elas me teriam conduzido? Pretender que essas facilidades não me teriam de modo algum seduzido ou que a razão me teria detido nessa inclinação fatal seria conhecer muito mal a natureza e a mim mesmo. Seguro de mim em qualquer outro aspecto, este único teria sido minha ruína. Aquele cujo poder o situa acima do homem deve pairar acima das fraquezas da humanidade, sem o que esse excesso de força servirá apenas para efetivamente situá-lo abaixo dos outros e do que ele mesmo teria sido caso tivesse permanecido seu igual.

Considerando todos os aspectos, acredito que seria melhor jogar fora meu anel mágico antes que ele me fizesse cometer alguma tolice. Se os homens se obstinam em ver-me inteiramente diferente do que sou,

---

74. Referência à *Lenda Dourada*, ou *Legenda Áurea*, coletânea de narrativas reunidas pelo padre dominicano e futuro bispo de Gênova Jacopo de Varazze, contando a vida de cerca de 150 santos ou grupos de santos e mártires cristãos, a fim de exaltar a fé a partir de modelos de vida exemplares. (N.T.)
75. Rousseau se refere aqui ao túmulo de François de Pâris, no cemitério da Igreja de Saint-Médard, onde, segundo a crença popular, aconteciam muitos milagres, como curas que se manifestavam nos fiéis por meio de convulsões generalizadas. (N.T.)

e se meu aspecto estimula sua injustiça, é preciso, para privá-los dessa visão, afastar-me deles, e não me eclipsar entre eles. Cabe aos homens se esconderem de mim, ocultarem-me suas manobras, fugirem da luz do dia, enfiarem-se na terra como toupeiras. Quanto a mim, que me vejam se puderem, tanto melhor, mas é impossível; nunca verão em meu lugar senão o J.-J.[76] que fizeram para si – e que fizeram de acordo com seu desejo, para odiá-lo à vontade. Seria, portanto, um erro deixar-me afetar pela maneira como me veem: não devo nutrir por isso nenhum verdadeiro interesse, pois não sou eu que eles veem assim.

O resultado que posso tirar de todas essas reflexões é que nunca fui realmente adequado à sociedade civil, em que tudo é constrangimento, obrigação, dever. Além disso, meu natural independente me tornou sempre incapaz das sujeições necessárias àquele que deseja viver com os homens. Enquanto ajo livremente, sou bom e faço apenas o bem; mas logo que sinto o jugo, quer da necessidade, quer dos homens, torno-me rebelde ou, antes, indócil, e então sou inexistente. Quando é preciso fazer o contrário de minha vontade, não o faço, aconteça o que acontecer; tampouco faço minha própria vontade, pois sou fraco. Abstenho-me de agir, pois toda a minha fraqueza é relativa à ação, toda a minha força é negativa e todos os meus pecados são de omissão, raramente de cometimento. Jamais acreditei que a liberdade do homem consistisse em fazer o que ele quer, e sim em nunca fazer o que não quer, e é isso que sempre reivindiquei, frequentemente conservei e pela qual mais escandalizei meus contemporâneos. No caso deles, ativos, irrequietos, ambiciosos, detestando a liberdade dos outros e não a desejando para si mesmos, contanto que por vezes façam sua vontade ou, antes, que dominem a de outrem, estorvam toda sua vida fazendo o que lhes causa repugnância, e, para comandar, não omitem nada de servil. Seu erro não foi, portanto, o de me afastar da sociedade como um membro inútil, mas o de proscrever-me como um membro pernicioso: fiz muito pouco o bem, reconheço; mas, quanto ao mal, nenhum, durante toda a minha vida, entrou em minha vontade, e duvido de que haja um único homem no mundo que o tenha feito menos do que eu.

---

76. Jean-Jacques. (N.T.)

SÉTIMA CAMINHADA

Mal se iniciou a compilação de meus longos sonhos, já sinto que se encaminha para o fim. Outro divertimento lhe sucede, me absorve e até mesmo me priva do tempo de sonhar. Entrego-me a ele com um entusiasmo que beira a extravagância e que me faz rir quando penso a respeito; mas nem por isso deixo de entregar-me a ele, pois, na situação em que me encontro, não tenho mais regra de conduta além de seguir, sem constrangimento, minha inclinação em todas as coisas. Nada posso fazer quanto à minha sorte, tenho apenas inclinações inocentes; e todos os juízos dos homens sendo doravante nulos para mim, a própria sabedoria quer que, naquilo que permanece ao meu alcance, eu faça tudo o que me deleita, seja em público, seja no segredo de meu espírito, sem outra regra além de minha fantasia e sem outra medida além da pouca força que me restou. Aqui estou, portanto, reduzido ao feno como único alimento e à botânica como única ocupação. Já velho, tivera um primeiro contato com ela na Suíça, junto ao dr. D'Ivernois, e herborizara com sucesso durante minhas viagens para adquirir um conhecimento passável do reino vegetal. Mas, tendo-me tornado mais do que sexagenário e sedentário em Paris, começando a carecer de forças para as grandes herborizações e, além disso, dedicando-me suficientemente à cópia de música para não ter necessidade de outra ocupação, eu abandonara esse divertimento que não me era mais necessário; vendera meu herbário, vendera meus livros, satisfeito em rever, por vezes, as plantas comuns que encontrava em torno de Paris, por ocasião de minhas caminhadas. Durante esse intervalo, o pouco que eu sabia apagou-se quase inteiramente de minha memória, e muito mais rápido do que nela se tinha gravado.

De repente, aos 65 anos de idade, sem guia, sem livros, sem jardim, sem herbário, e privado da pouca memória que tinha e das forças que me restavam para percorrer o campo, aqui estou eu novamente tomado por essa loucura, mas com ainda mais ardor do que quando me entreguei a ela na primeira vez; aqui estou eu seriamente dedicado ao sábio projeto de aprender de cor todo o *regnum vegetabile* de Murray[77] e de conhecer todas as plantas registradas sobre a Terra. Sem condições de readquirir livros de botânica, obriguei-me a transcrever aqueles que me foram emprestados e resolvi fazer um herbário mais rico que o primeiro, esperando nele inserir todas as plantas do mar e dos Alpes e de todas as árvores das Índias. Começo sempre pelo morrião, o cerefólio, a borragem e a tasneirinha; herborizo sabiamente na gaiola de meus pássaros, e a cada novo ramo de grama que encontro, digo com satisfação: "Aí está de qualquer modo uma planta a mais."

Não procuro justificar a decisão que tomo de seguir essa fantasia; ela me parece muito razoável, persuadido de que, na posição em que me encontro, entregar-me aos divertimentos que me deleitam é uma grande sabedoria, e até mesmo uma grande virtude: é a forma de não deixar germinar em meu coração nenhuma semente de vingança ou ódio; e para ainda encontrar, em meu destino, gosto por algum divertimento, é preciso ter um natural bem depurado de todas as paixões irascíveis. Isso significa vingar-me de meus perseguidores à minha maneira; eu não saberia puni-los mais cruelmente do que sendo feliz a despeito deles.

Sim, sem dúvida, a razão me permite e até mesmo me prescreve entregar-me a toda inclinação que me atrai e que nada me impede de seguir; mas ela não me diz por que essa inclinação me atrai e que atrativo posso encontrar num estudo inútil, feito sem proveito, sem progresso, e que me reconduz, velho, tonto, já caduco e vagaroso, sem facilidades, sem memória, aos exercícios da juventude e às lições de um aluno de escola. Ora, essa é uma esquisitice que eu gostaria de explicar; parece-me que, bem esclarecida, ela poderia lançar uma nova luz sobre esse conhecimento de mim mesmo, a cuja aquisição dediquei meus últimos momentos de lazer.

Por vezes, pensei com bastante profundidade, mas raramente com prazer, quase sempre contra a minha vontade e como que à força: o de-

---

77. Johan Anders Murray (1740-1791), botânico e farmacologista sueco de origem germânica, autor de importante obra sobre plantas medicinais. Em 1774, Murray publicou uma nova versão do *Systema Naturæ* de seu mestre Linnæus, sob o título *Systema Vegetabilium*. A edição era introduzida por um texto de Murray chamado *Regnum Vegetabile* ["o reino vegetal"]. (N.T.)

vaneio me descansa e me diverte, a reflexão me cansa e me entristece; pensar sempre foi para mim uma ocupação penosa e sem encanto. Algumas vezes, meus devaneios terminam pela meditação, mas, com mais frequência, minhas meditações vêm terminando pelo devaneio. Durante esses desvarios, minha alma vagueia e plana no universo sobre as asas da imaginação, em êxtases que superam qualquer outro gozo.

Enquanto desfrutei deste devaneio em toda a sua pureza, qualquer outra ocupação me foi sempre insípida. Mas, uma vez lançado na carreira literária por impulsos estrangeiros, senti o cansaço do trabalho do espírito e a importunidade de uma celebridade infeliz; senti ao mesmo tempo definharem e enfraquecerem-se meus doces devaneios. Logo forçado a ocupar-me, contra minha vontade, de minha triste situação, não pude mais encontrar, senão muito raramente, esses preciosos êxtases que, por meio século, me haviam servido de felicidade e glória e que, sem outro custo além do tempo, haviam feito de mim, no ócio, o mais feliz dos mortais.

Eu devia até mesmo temer que, em meus devaneios, a imaginação, intimidada pelos infortúnios, direcionasse finalmente sua atividade para esse lado, e que o sentimento contínuo de meus sofrimentos, apertando-me pouco a pouco o coração, me sobrecarregasse com seu peso. Nesse estado, um instinto que me é natural, afugentando toda ideia entristecedora, impôs o silêncio à minha imaginação, e fixando minha atenção nos objetos que me cercavam, me fez, pela primeira vez, detalhar o espetáculo da natureza, que até então eu contemplara, quando muito, em bloco e de forma conjunta.

As árvores, os arbustos, as plantas são o ornamento e a vestimenta da terra. Nada é tão triste quanto o aspecto de um campo nu e despido, que expõe aos olhos apenas pedras, limo e areia. Mas, vivificada pela natureza e recoberta com seu vestido de núpcias em meio ao curso das águas e ao canto dos pássaros, a terra oferece ao homem, na harmonia dos três reinos, um espetáculo repleto de vida, de interesse e de encantos, o único espetáculo no mundo do qual seus olhos e seu coração jamais se cansam.

Quanto mais sensível é a alma de um contemplador, mais ele se entrega aos êxtases nele estimulados por esse acordo. Um devaneio doce e profundo se apodera então de seus sentidos, e ele se perde, com deliciosa embriaguez, na imensidão desse belo sistema com o qual se sente identificado. Então, todos os objetos particulares lhe escapam; ele não vê e não sente nada senão no todo. É preciso que alguma circunstância particular estreite suas ideias e circunscreva sua imaginação para que ele possa observar por partes esse universo que ele se esforçava em abranger.

Isso foi o que me sucedeu quando meu coração, oprimido pela angústia, aproximava e concentrava todos os movimentos ao seu redor para conservar esse resto de calor prestes a se evaporar e a se apagar no abatimento em que eu gradualmente caía. Eu vagueava pelos bosques e pelas montanhas, não ousando pensar, temendo atiçar minhas dores. Minha imaginação, que recusa os objetos de sofrimento, permitia que meus sentidos se entregassem às leves mas doces impressões dos objetos circundantes. Meus olhos passeavam continuamente de um a outro, e não era possível que, com tanta variedade, não se encontrassem alguns que os fixassem mais e os detivessem por mais tempo.

Tomei gosto por essa recreação dos olhos, pois, no infortúnio, descansa, diverte, distrai o espírito e suspende o sentimento das mágoas. A natureza dos objetos contribui muito para essa diversão e a torna mais sedutora. Os odores suaves, as cores vivas, as mais elegantes formas parecem disputar-se à porfia o direito de prender nossa atenção. Basta amar o prazer para entregar-se a sensações tão doces, e se esse efeito não ocorre em todos os que são por elas atingidos, isso se deve, em alguns, à falta de sensibilidade natural e, na maioria, ao fato de que seu espírito, demasiado ocupado com outras ideias, se entrega apenas secretamente aos objetos que impressionam seus sentidos.

Outra coisa contribui ainda para afastar do reino vegetal a atenção das pessoas de gosto: o hábito de procurar nas plantas apenas as drogas e os remédios. Teofrasto[78] se conduzira de outra maneira – e esse filósofo é considerado o único botânico da Antiguidade, por isso não é

---

78. O filósofo ateniense Teofrasto (372-287 a.C.), nomeado tutor dos filhos de Aristóteles e sucessor deste no Liceu, escreveu dois volumosos tratados botânicos, *História das plantas* e *Sobre as causas das plantas*, considerados a mais importante contribuição à botânica da Antiguidade. (N.T.)

muito conhecido entre nós. Mas, graças a um certo Dioscórides,[79] grande compilador de receitas, e a seus comentadores, a medicina se apropriou de tal maneira das plantas, transformadas em símplices, que vemos nelas apenas o que não vemos; a saber, as pretensas virtudes que agrada a todos atribuir-lhes. Não se concebe que a organização vegetal possa, por si só, merecer alguma atenção. Pessoas que passam a vida classificando conchas desprezam a botânica como um estudo inútil quando não lhe acrescentamos, como dizem, o das propriedades, isto é, quando não abandonamos a observação da natureza, que nunca mente e não nos explica nada, para nos dedicarmos unicamente à autoridade dos homens, que são mentirosos e que afirmam muitas coisas em que se deve acreditar com base em sua palavra, fundada, na maioria das vezes, na autoridade alheia. Pare numa pradaria colorida para examinar as flores que a fazem brilhar. Aqueles que o observarem, tomando-o por um cirurgião,[80] lhe pedirão ervas para curar a ronha das crianças, a sarna dos homens ou o mormo dos cavalos.

Esse repugnante preconceito encontra-se parcialmente destruído nos outros países, e sobretudo na Inglaterra, graças a Linnæus,[81] que tirou a botânica das escolas de farmácia e a devolveu à história natural e aos usos econômicos. Mas, na França, onde esse estudo se difundiu menos entre a elite, as pessoas permaneceram de tal forma bárbaras que um pedante de Paris, vendo em Londres um jardim de curiosidades, repleto de árvores e de plantas raras, exclamou, como único elogio: "Eis um belíssimo jardim de apoticário!".[82] Seguindo esse raciocínio, o

---

79. Nascido em Anazarbo (na atual Turquia) e formado em Tarsos e Alexandria, Pedânio Dioscórides (fl. 50-70) é tido como o fundador da farmacognosia, antigo ramo da farmacologia dedicado ao estudo dos princípios ativos naturais, tanto animais quanto vegetais. Durante séculos, sua obra *De materia medica* se constituiu uma fonte incontornável sobre drogas medicinais ainda muito utilizada à época de Rousseau. (N.T.)
80. Do francês *frater*, termo que designava um assistente de cirurgião, ou, por extensão, um cirurgião ou médico de pouca experiência. (N.T.)
81. Carl Nilsson Linnæus (em português, Carlos Lineu ou, ainda, em versão latinizada, Carolus Linnaeus) (1707-1778) foi o botânico mais famoso de sua época, sendo considerado o pai da taxonomia moderna (disciplina que define os grupos de organismos biológicos com base em características comuns e cria para tais grupos uma nomenclatura). (N.T.)
82. Do francês *apothicaire*, termo antigo para designar boticário, farmacêutico. (N.T.)

primeiro boticário foi Adão, pois não é fácil imaginar um jardim mais abastecido em plantas do que o do Éden.

Essas ideias medicinais são pouco capazes de tornar agradável o estudo da botânica; mancham o esmalte dos prados e o esplendor das flores, ressecam o frescor dos arvoredos, tornam a vegetação e as sombras insípidas e repugnantes; todas essas estruturas encantadoras e graciosas interessam muito pouco àqueles que desejam apenas moê-las num almofariz, e não se buscarão grinaldas para as pastoras entre as ervas destinadas aos clisteres.[83]

Toda essa farmacêutica não manchava minhas imagens campestres; nada se encontrava mais distante delas do que tisanas e emplastros. Ao examinar de perto os campos, os pomares, os bosques e seus numerosos habitantes, com frequência pensei que o reino vegetal era um armazém de alimentos dados pela natureza ao homem e aos animais. Nunca, porém, me veio à mente procurar nele drogas e remédios. Não vejo nada em suas diversas produções que me indique semelhante uso, e ela nos teria assinalado a escolha, caso a tivesse prescrito, como fez com os comestíveis. Percebo até mesmo que o prazer que sinto em percorrer os arvoredos seria corrompido pelo sentimento das enfermidades humanas, se ele me fizesse pensar na febre, no cálculo, na gota e no mal-caduco. De resto, não recusarei aos vegetais as grandes virtudes que lhes são atribuídas; direi somente que, supondo que essas virtudes sejam reais, é malícia pura dos doentes continuarem a sê-lo; pois, entre tantas doenças que os homens se dão, não há uma sequer que vinte espécies de ervas não curem.

Essas maneiras de pensar que sempre reduzem tudo ao nosso interesse material, que fazem procurar em todo lugar proveito ou remédios e que fariam encarar com indiferença toda a natureza caso estivéssemos sempre com boa saúde, nunca foram as minhas. Sinto a esse respeito o exato contrário dos demais homens: tudo que se prende ao sentimento de minhas necessidades entristece e estraga meus pensamentos. Nunca encontrei verdadeiro encanto nos prazeres do espírito senão perdendo inteiramente de vista o interesse de meu corpo. Assim, ainda que acreditasse na medicina, ainda que seus remédios

---

83. Do francês *lavements*: líquidos injetados por via anal para fins medicinais. (N.T.)

fossem agradáveis, eu nunca encontraria, dedicando-me a ela, essas delícias que oferece uma contemplação pura e desinteressada, e minha alma não poderia exaltar-se e planar sobre a natureza enquanto eu a sentisse prender-se aos laços de meu corpo. Aliás, mesmo sem confiar muito na medicina, confiei bastante em alguns médicos que eu estimava, amava e a quem eu permitia governar minha carcaça com plena autoridade. Quinze anos de experiência me instruíram à minha custa; submetendo-me agora apenas às leis da natureza, retomei, por meio dela, minha saúde primeira. Ainda que os médicos não tivessem contra mim outras queixas, quem poderia surpreender-se com seu ódio? Sou a prova viva da vaidade de sua profissão e da inutilidade de seus cuidados.

Não, nada de pessoal, nada que se prenda ao interesse de meu corpo pode realmente ocupar minha alma. Nunca medito ou sonho mais deliciosamente do que quando me esqueço de mim mesmo. Sinto êxtases, arrebatamentos inexprimíveis, fundindo-me, por assim dizer, no sistema dos seres, identificando-me com a natureza inteira. Enquanto os homens foram meus irmãos, eu fazia para mim projetos de felicidade terrena; como tais projetos eram sempre relativos ao todo, eu não podia alcançar outra felicidade além da pública, e nunca a ideia de uma felicidade particular tocou meu coração senão quando vi meus irmãos procurarem a deles na minha miséria. Assim, para não odiá-los, precisei afastar-me deles. Busquei refúgio então na morada da mãe comum, procurando em seus braços esquivar-me das ofensas de seus filhos; tornei-me um solitário ou, como dizem, insociável e misantropo, pois prefiro a mais selvagem solidão à companhia dos homens maus que se alimentam apenas de traições e de ódio.

Forçado a abster-me de pensar, temendo pensar, contra a minha vontade, em meus infortúnios; forçado a conter os restos de uma imaginação ridente, mas langorosa, que tantas angústias poderiam, no fim, intimidar; forçado a tentar esquecer os homens, que me atormentam com ignomínia e ultrajes, temendo que a indignação me torne amargurado contra eles, não posso, entretanto, concentrar-me inteiramente em mim mesmo, pois minha alma expansiva busca, a despeito de minha vontade, estender seus sentimentos e sua existência sobre outros seres. Além disso, não posso mais, como no passado, me jogar, com a cabeça baixa, neste vasto oceano da natureza, pois minhas faculdades enfraquecidas e afrouxadas não encontram mais objetos suficientemente determinados, suficientemente fixos, suficientemente ao meu alcance para a eles se apegarem. Por fim, não sinto em mim vigor para nadar no caos de meus antigos êxtases. Minhas ideias praticamente já não são mais do que sensações, e a esfera de meu entendimento não ultrapassa os objetos pelos quais me encontro cercado.

Fugindo dos homens, buscando a solidão, não mais imaginando, pensando ainda menos, e no entanto dotado de um temperamento vivo que me distancia da apatia langorosa e melancólica, comecei a ocupar-me de tudo que me cercava e, por um instinto muito natural, dei preferência aos objetos mais agradáveis. O reino mineral nada tem em si de amável e atraente; suas riquezas, encerradas no seio da terra, parecem ter sido distanciadas dos olhares dos homens para não tentar sua cupidez: elas lá se encontram como que de reserva, para um dia servir de suplemento às verdadeiras riquezas que estão mais ao seu alcance e pelas quais o homem perde o gosto à medida que se corrompe. É preciso então que ele chame a indústria, o esforço e o trabalho em socorro às suas misérias; escava as entranhas da terra, busca em seu centro, arriscando sua vida e sua saúde, bens imaginários no lugar dos bens reais que ela lhe oferecia por si mesma quando ele sabia usufruí-los. O homem foge do sol e do dia que não é mais digno de ver; enterra-se vivo, e faz bem, se não merece mais viver à luz do dia. Lá, pedreiras, abismos, forjas, fornos, um aparato de bigornas, martelos, fumaça e fogo sucedem às doces imagens dos trabalhos campestres. Os rostos pálidos dos infelizes que definham nos infectos vapores das minas, negros ferreiros, horrendos ciclopes são o espetáculo pelo qual o cenário das minas substitui, no seio da terra, o da verdura e das flores, do céu azulado, dos pastores enamorados e dos lavradores robustos em sua superfície.

É fácil, admito, apanhar areia e pedras, com elas preencher os bolsos e o gabinete, e dar-se com isso ares de um naturalista. No entanto, aqueles que se apegam e se limitam a essas espécies de coleções são, ordinariamente, ricos ignorantes que procuram nisso apenas o prazer da ostentação. Para obter êxito no estudo dos minerais, é preciso ser químico e físico; é preciso fazer experiências penosas e custosas, trabalhar em laboratórios, dispender muito dinheiro e tempo entre o carvão, os crisóis, os fornos, as retortas, na fumaça e nos vapores sufocantes, sempre arriscando a própria vida e frequentemente à custa de sua saúde. De todo esse triste e cansativo trabalho, resulta ordinariamente muito menos saber do que orgulho; e onde está o mais medíocre químico que não acredita ter desvendado todas as grandes operações da natureza, ter encontrado, talvez por acaso, algumas pequenas combinações da arte?

O reino animal se encontra mais ao nosso alcance e certamente merece ainda mais ser estudado; mas, afinal, não apresenta esse estudo também suas dificuldades, seus embaraços, seus desgostos e seus sofrimentos, sobretudo para um solitário que não tem, nem em seus divertimentos nem em seus trabalhos, nenhuma assistência? Como observar, dissecar, estudar, conhecer os pássaros nos ares, os peixes nas águas, os quadrúpedes mais ligeiros que o vento, mais fortes que o homem, e que não estão mais dispostos a virem se oferecer às minhas pesquisas do que eu a correr atrás deles para submetê-los à força? Eu teria de recorrer, portanto, a caracóis, vermes, moscas, e passaria minha vida perdendo o fôlego atrás de borboletas, empalando pobres insetos, dissecando camundongos, quando os conseguisse apanhar, ou as carcaças dos animais que, por acaso, encontrasse mortos. O estudo dos animais não é nada sem a anatomia; é por meio dela que aprendemos a classificá-los, a distinguir os gêneros, as espécies. Para observar seus costumes, suas características, seria preciso ter aviários, viveiros, pátios de criação; seria preciso forçá-los, de alguma forma, a permanecerem reunidos ao meu redor. Não tenho nem a inclinação nem os meios de mantê-los em cativeiro, muito menos a agilidade necessária para seguir seus passos quando estão em liberdade. Será preciso, portanto, estudá-los mortos, dilacerá-los, desossá-los, remexer à vontade em suas entranhas palpitantes! Que horrível cerimonial é um anfiteatro anatômico: cadáveres fétidos, carnes babosas e lívidas, sangue, intestinos repugnantes, esqueletos medonhos, vapores pestilenciais! Não é nisso, dou-lhes minha palavra, que J.-J. irá procurar seus divertimentos.

Brilhantes flores, esmalte dos prados, sombras frescas, riachos, bosquezinhos, vegetações, venham purificar minha imaginação manchada por todos esses medonhos objetos. Minha alma morta, para todos os grandes movimentos não se pode mais afetar senão por objetos sensíveis; já não tenho mais do que sensações, e é somente através delas que o sofrimento ou o prazer podem atingir-me nesta terra. Atraído pelos ridentes objetos que me cercam, considero-os, contemplo-os, comparo-os, aprendo, enfim, a classificá-los, e aqui estou, tão botânico quanto deve ser aquele que deseja estudar a natureza apenas para encontrar novas razões para amá-la.

Não procuro, de modo algum, instruir-me – tarde demais para isso. Aliás, nunca me pareceu que muita ciência contribuísse para a felicidade da vida; mas procuro proporcionar-me divertimentos doces e simples que eu possa provar sem dificuldade e que me distraiam de meus infortúnios. Não tenho nem gasto nem esforço a fazer para vaguear despreocupadamente de erva em erva, de planta em planta, para examiná-las, para comparar-lhes as diversas características, para apontar-lhes as semelhanças e as diferenças, para observar, enfim, a organização vegetal de maneira a seguir a marcha e o funcionamento das máquinas vivas, a procurar, por vezes com sucesso, suas leis gerais, a razão e a finalidade de suas diversas estruturas, e a entregar-me aos encantos da admiração agradecida pela mão que me faz gozar de tudo isso.

As plantas parecem ter sido semeadas com profusão na terra, assim como as estrelas no céu, para convidar o homem, pela atração do prazer e da curiosidade, ao estudo da natureza. Mas os astros estão longe; o homem precisa ter conhecimentos preliminares, instrumentos, máquinas, escadas compridas para colocá-los ao nosso alcance. Já as plantas podem ser encontradas naturalmente. Nascem sob os nossos pés, e, por assim dizer, em nossas mãos, e se a pequenez de suas partes essenciais as subtrai, por vezes, à simples vista, os instrumentos que as restituem são de muito mais fácil emprego que os da astronomia. A botânica é o estudo de um ocioso e preguiçoso solitário: uma ponta e uma lupa são todo o aparato de que se tem necessidade para observar. Ele caminha, vagueia livremente de um objeto a outro, faz a revista de cada flor com interesse e curiosidade, e tão logo começa a compreender as leis de sua estrutura, sente, ao observá-las, um prazer sem esforço, tão vivo como se lhe custasse muito. Há, nessa ociosa ocupação, um encanto que sentimos apenas na plena calmaria das paixões, mas que, sozinho, basta então para tornar a vida feliz e doce; mas tão logo se mistura a ele um motivo de interesse ou de vaidade, quer para conquistar cargos, quer para escrever livros, tão logo se deseja aprender apenas para instruir, tão logo se herboriza apenas para tornar-se autor ou professor, todo esse doce encanto desaparece; não se vê as plantas mais do que instrumentos de nossas paixões, não se sente mais nenhum prazer verdadeiro em seu estudo, não deseja mais saber, mas mostrar que se sabe. Nos bosques se está apenas no teatro do mundo, ocupado com o cuidado de fazer-se admirar; ou então, limitando-se, quando muito, à botânica de gabinete e de jardim; em vez de observar as plantas na natureza, cuida-se apenas de sistemas e de métodos, eterna matéria de disputa que não faz conhecer nenhuma planta a mais e não projeta nenhuma verdadeira luz na história natural e no reino vegetal. Donde os ódios, as invejas que a concorrência pela celebridade estimula entre os botânicos autores, tanto quanto e mais do que entre os outros cientistas. Desnaturando esse amável estudo, eles o transplantam para o meio das cidades e das academias, onde não degenera menos do que as plantas exóticas nos jardins das curiosidades.

No que me diz respeito, disposições muito diferentes fizeram desse estudo uma espécie de paixão que preenche o vazio de todas as que não tenho mais. Escalo os rochedos, as montanhas, perco-me nos valezinhos, nos bosques para esquivar-me, o máximo possível, da lembrança dos homens e dos ataques dos malfeitores. Parece-me que, sob as sombras de uma floresta, encontro-me esquecido, livre e tranquilo como se não tivesse mais inimigos ou como se a folhagem me protegesse de seus ataques, assim como ela os afasta de minha memória; e imagino, em minha tolice, que, não pensando neles, não pensarão em mim. Encontro tão grande doçura nessa ilusão que me entregaria inteiramente a ela, caso minha situação, minha fraqueza e minhas necessidades o permitissem. Quanto mais profunda é a solidão em que vivo, mais é preciso que algum objeto lhe preencha o vazio, e aqueles que minha imaginação me recusa ou que minha memória repele são supridos pelas produções espontâneas que a terra não forçada pelos homens oferece, por toda parte, aos meus olhos. O prazer de ir a um lugar deserto procurar novas espécies encobre o de escapar de meus perseguidores e, chegando a lugares em que não há nenhum rastro de homens, respiro mais à vontade, como num asilo onde o ódio deles não mais pode me perseguir.

Lembrar-me-ei, para o resto da vida, de uma herborização que fiz um dia pelos lados da Robaila,[84] montanha do justiceiro Clerc.[85] Eu estava só, perdi-me nas anfractuosidades da montanha, e de bosque em bosque, de rocha em rocha, cheguei a um reduto tão reservado que nunca tinha visto aspecto mais selvagem. Pinheiros negros misturados a prodigiosas faias, das quais muitas, caídas de velhice e entrelaçadas umas nas outras, fechavam esse reduto com barreiras impenetráveis; alguns intervalos deixados por essa sombria cerca ofereciam ao longe apenas rochas escarpadas e horríveis precipícios que eu apenas ousava olhar deitado sobre o ventre. O mocho, a coruja e o xofrango faziam ouvir seus gritos nas fendas da montanha; alguns pequenos pássaros raros, mas familiares, atenuavam, entretanto, o horror dessa solidão. Lá, encontrei a *dentaria heptaphyllos*, o *ciclamen*, o *nidus avis*, o grande *laserpitium* e outras plantas que me encantaram e por muito tempo me entretiveram; mas insensivelmente dominado pela forte impressão dos objetos, esqueci a botânica e as plantas; sentei-me em almofadas de *lycopodium* e de musgos, e me pus a sonhar mais à vontade pensando estar lá num refúgio ignorado por todo o universo, onde os perseguidores não me desenterrariam. Um impulso de orgulho logo se mesclou a esse devaneio. Eu me comparava a esses grandes viajantes que descobrem uma ilha deserta, e me dizia com complacência: "Sou certamente o primeiro mortal que veio até aqui." Via-me quase como um novo Colombo. Enquanto me pavoneava nessa ideia, ouvi, a pouca distância, certo tinido que acreditei reconhecer; escutei: o mesmo barulho se repetiu e se multiplicou. Surpreso e curioso, levantei-me, atravessei uma moita de sarças do lado de onde vinha o ruído, e numa comba a vinte passos do local a que eu acreditava ter sido o primeiro a chegar, descobri uma manufatura de meias.

Eu não saberia exprimir a agitação confusa e contraditória que senti em meu coração com essa descoberta. Meu primeiro impulso foi um sentimento de alegria por encontrar-me entre humanos depois de

---

84. Trata-se, na verdade, de La Robella, que integra a montanha do Chasseron, que paira acima da aldeia de Buttes, situada na atual comuna suíça de Val-de-Travers, no cantão de Neuchâtel. (N.T.)
85. Jean-Henri Clerc, juiz da corte civil de Val-de-Travers. (N.T.)

acreditar estar totalmente só; mas esse impulso, mais rápido que um relâmpago, logo deu lugar ao sentimento doloroso e mais durável de não poder, até mesmo nos antros dos Alpes, escapar às cruéis mãos dos homens, obstinados a me atormentar. Pois eu estava bastante certo de que talvez não houvesse dois homens naquela fábrica que não tivessem sido iniciados na conspiração da qual o predicante Montmollin[86] se fizera chefe, e que atraía seus instigadores de mais longe. Apressei-me em afastar essa triste ideia e acabei rindo de minha vaidade pueril e da maneira cômica como eu havia sido punido por ela.

Mas, com efeito, quem poderia ter esperado encontrar um par de meias num precipício! Em todo o mundo, apenas a Suíça apresenta essa mistura de natureza selvagem e indústria humana. O país inteiro é, por assim dizer, apenas uma grande cidade cujas ruas largas e compridas, mais do que as de Saint-Antoine,[87] estão semeadas de florestas, entrecortadas por montanhas, cujas casas dispersas e isoladas se comunicam entre si apenas por jardins ingleses. Lembrei-me, a esse respeito, de outra herborização que Du Peyrou, Descherny, o coronel Pury, o justiceiro Clerc e eu fizemos algum tempo atrás na montanha do Chasseron,[88] de cujo cume se avistam sete lagos. Disseram-nos que havia apenas uma casa nessa montanha, e certamente não teríamos adivinhado a profissão daquele que a habitava, caso não se tivesse acrescentado que era um livreiro, e que até mesmo conduzia muito bem seus negócios na região.[89] Para mim, um só fato dessa espécie faz conhecer melhor a Suíça do que todas as descrições dos viajantes.

Eis outro da mesma natureza, ou quase, e que não faz conhecer menos um povo muito diferente. Durante minha estadia em Grenoble, fiz

---

86. Frédéric Guillaume de Montmollin (1799-1883), ministro protestante de Môtiers. Esse velho amigo de Rousseau se voltara contra ele após a publicação das polêmicas *Cartas escritas da montanha* (1764), condenadas pelas autoridades de Neuchâtel pelo tom virulento com que o filósofo se defendia dos ataques de que tinha sido vítima após a publicação de *Emílio*. (N.T.)
87. Rue Saint-Antoine: na época, uma das maiores vias urbanas de Paris. (N.T.)
88. Rousseau excursionou, em julho de 1764, pelas encostas do Chasseron (onde se situa a referida montanha), no maciço do Jura, localizado no cantão de Vaud, na Suíça. (N.T.)
89. Certamente, em razão da semelhança dos nomes, Rousseau aplicou a anedota do livreiro a Chasseron, quando, na verdade, ela ocorreu em Chasseral, outra montanha nas fronteiras de Neuchâtel. (N.T.)

pequenas herborizações fora da cidade com o senhor *** [Bovier[90]], advogado dessa região, não porque ele amasse ou conhecesse a botânica, mas porque, contratado como meu guarda-costas, impunha-se como autoridade, tanto quanto isso era possível, e não me abandonava nem por um passo. Um dia, caminhávamos ao longo do Isère,[91] num local repleto de salgueiros espinhosos. Vi sobre esses arbustos frutas maduras e tive a curiosidade de prová-las. Percebendo nelas uma pequena acidez muito agradável, pus-me a comer desses grãos para me refrescar. O senhor *** [Bovier] se mantinha ao meu lado, sem imitar-me e sem dizer palavra. Um de seus amigos, que, vendo-me petiscar esses grãos, disse: "Ah! Senhor, o que está fazendo? Não sabe que essa fruta é venenosa?". "Esta fruta é venenosa?", exclamei absolutamente surpreso. "Sem dúvida", retomou o outro, "e todo mundo sabe disso, tanto que ninguém na região se atreve a prová-la." Olhei para meu guarda-costas e lhe perguntei: "Por que não me avisou?". Ao que ele respondeu, em tom respeitoso: "Ah, senhor, não ousei tomar essa liberdade." Pus-me a rir dessa humildade típica do Delfinado,[92] interrompendo, todavia, minha pequena refeição. Eu estava persuadido, como ainda estou, de que toda produção natural agradável ao paladar não pode ser nociva ao corpo ou, pelo menos, ela o é apenas em excesso. Não obstante, admito ter ficado um pouco alerta pelo resto do dia. No entanto, não passou de um pouco de inquietação: jantei muito bem, dormi ainda melhor e levantei-me de manhã em perfeita saúde, mesmo após ter engolido, na véspera, quinze ou vinte grãos daquela terrível *hippophae*[93] que envenena em pequenas doses, segundo todos me disseram em Grenoble no dia seguinte. Essa aventura me pareceu tão agradável que nunca me recordo dela sem rir da singular discrição do senhor advogado *** [Bovier].

---

90. Gaspard Bovier (1733-1806), advogado no Parlamento de Grenoble, autor de um diário sobre a estadia de Rousseau na cidade (cf. a recente edição, organizada por Catherine Coeuré e Jean Sgard, *Journal de l'avocat Bovier: Jean-Jacques Rousseau à Grenoble*. Grenoble: Presses Universitaires de Grenobles, 2012). (N.T.)
91. Rio do sudeste da França. (N.T.)
92. Província francesa situada no sudeste do país. Tradicionalmente, os habitantes da região são tidos como calmos, refletidos, corteses e astutos. (N.T.)
93. *Hippophae*: gênero botânico que compreende uma dezena de espécies diferentes. Assume a forma de arbustos de altura variável que produzem pequenos frutos de polpa ácida e oleosa. (N.T.)

Todos os meus passeios de botânica, as diversas impressões do local dos objetos que me impressionaram, as ideias que fizeram nascer em mim, os incidentes que se interpuseram, tudo deixou em mim impressões que se renovam pelo aspecto das plantas herborizadas naqueles mesmos locais. Nunca mais tornarei a ver tais paisagens, florestas, lagos, bosquezinhos, rochedos ou montanhas cujo aspecto sempre tocou meu coração. Agora que não posso mais percorrer aquelas agradáveis regiões, abro meu herbário e logo me transporto para lá. Os fragmentos das plantas que colhi bastam para trazer à lembrança todo aquele magnífico espetáculo. Esse herbário é, para mim, um diário de herborizações, que me faz retomá-las com novo encanto e produz o efeito de um espetáculo ótico que as reproduziria novamente diante de meus olhos.

É a corrente das ideias acessórias que me prende à botânica. Ela reúne e relembra à minha imaginação todas as ideias que mais a deleitam; os prados, as águas, os bosques, a solidão, principalmente a paz, e o repouso que se encontra no meio de tudo são por ela continuamente reconduzidos à minha memória. A botânica me faz esquecer as perseguições dos homens, o ódio, o desprezo, seus ultrajes e todos os males com que retribuíram meu terno e sincero afeto por eles. Ela me transporta para habitações tranquilas, em meio a pessoas simples e boas, como aquelas com quem outrora vivi. Relembra minha juventude e meus inocentes prazeres, me leva a desfrutar deles novamente e me faz feliz ainda com muita frequência, em meio à mais triste sorte que jamais tenha sofrido um mortal.

OITAVA CAMINHADA[94]

Meditando sobre as disposições de minha alma em todas as situações de minha vida, fico extremamente impressionado em ver tão pouca proporção entre as diferentes combinações de meu destino e os sentimentos habituais de bem-estar ou mal-estar com que elas me afetaram. Os diversos intervalos de minhas curtas prosperidades não me deixaram quase nenhuma lembrança agradável da maneira íntima e permanente como me atingiram. Ao contrário, em todas as misérias por que passei, eu me sentia constantemente repleto de sentimentos ternos, comoventes, deliciosos, que, derramando um bálsamo salutar nas feridas de meu coração pesaroso, parecem converter sua doçura em voluptuosidade, e cuja amável lembrança retorna a mim sozinha, livre dos males que eu também sofria. Parece-me que mais provei a doçura da existência e que realmente mais vivi quando meus sentimentos, estreitados, por assim dizer, em torno de meu coração por meu destino, não se evaporavam externamente em todos os objetos da estima dos homens que tão pouco a merecem por si mesmos e que constituem a única ocupação das pessoas que acreditamos serem felizes.

Quando tudo ao meu redor estava em ordem, quando estava satisfeito de tudo que me cercava e da esfera em que tinha de viver, eu a preenchia com minhas afeições. Minha alma expansiva se estendia por sobre outros objetos. E sempre atraído para longe de mim por gostos de mil espécies, por apegos amáveis que continuamente ocupavam meu coração, esquecia-me de alguma maneira de mim mesmo, voltava-me inteiramente para o que me era estranho, e sentia, na contínua agitação de meu coração, toda a vicissitude das coisas humanas. Essa vida

---

94. É preciso observar que apenas as sete primeiras caminhadas foram efetivamente entregues e passadas a limpo por Rousseau. O texto das três últimas foi reconstruído pelos editores da primeira edição, publicada em 1782. (N.T.)

tempestuosa não me dava nem paz interior, nem repouso exterior. Aparentemente feliz, eu não tinha um sentimento que pudesse sustentar a prova da reflexão e no qual eu pudesse de fato me comprazer. Nunca estava completamente satisfeito, nem de outrem nem de mim mesmo. O tumulto do mundo me atordoava, a solidão me entediava, eu convivia com a necessidade de mudar de lugar e não me sentia bem em lugar nenhum. E, no entanto, eu era festejado, benquisto, acolhido, adulado em todo lugar; não tinha um único inimigo, nenhum mal-intencionado, nenhum invejoso; como procuravam apenas me agradar, desfrutava do prazer de eu mesmo agradar a muita gente e, sem bens, sem emprego, sem provocadores, sem talentos desenvolvidos ou conhecidos, eu gozava das vantagens atreladas a tudo isso, e não via ninguém, em nenhum estado, cuja sorte me parecesse preferível à minha. O que me faltava então para ser feliz? Ignoro a resposta; mas sei que não o era. O que me falta hoje para ser o mais desafortunado dos mortais? Nada do que os homens poderiam fazer para isso acontecer. Pois bem! Mesmo neste estado deplorável, eu não trocaria meu ser e meu destino com o mais afortunado, e ainda prefiro ser eu mesmo em toda minha miséria a ser uma dessas pessoas em toda sua prosperidade. Reduzido apenas a mim, alimento-me, é verdade, de minha própria substância, que não se esgota; eu me basto, ainda que rumine, por assim dizer, em vão, e que minha imaginação esgotada e minhas ideias extintas não forneçam mais alimentos ao meu coração. Minha alma ofuscada, obstruída por meus órgãos, decai dia após dia e, sob o peso destas pesadas massas, não dispõe mais de vigor suficiente para lançar-se, como no passado, para fora de seu velho invólucro.

É a esse retorno a nós mesmos que nos força a adversidade; e talvez seja isso que a torna mais insuportável. Quanto a mim, censurando-me apenas por erros, atribuo-os à minha fraqueza, e me consolo, pois jamais um mal premeditado aproximou-se de meu coração.

Entretanto, a menos que se seja estúpido, como contemplar por um momento minha situação, sem vê-la tão horrível quanto a tornaram e sem perecer de dor e de desespero? Longe disso, eu, o mais sensível dos seres, em vez de me comover com ela, apenas a contemplo; e sem combates, sem esforços sobre mim mesmo, vejo-me quase com indiferença num estado cujo aspecto talvez nenhum outro homem suportasse sem pavor.

Como cheguei a este ponto? Pois eu me encontrava muito longe desta disposição tranquila no momento da primeira suspeita da conspiração em que eu estava há tanto tempo envolvido, sem tê-la percebido. Essa descoberta me abalou. A infâmia e a traição me apanharam de surpresa. Que alma honesta está preparada para tais espécies de sofrimentos? Seria preciso merecê-los para prevê-los. Caí em todas as armadilhas que foram cavadas sob os meus pés. A indignação, o furor, o delírio se apoderaram de mim: perdi a tramontana.[95] Minha cabeça se alterou e, nas horríveis trevas em que fui mergulhado, não percebi mais nenhuma luz para me conduzir, nem amparo ou apoio no qual pudesse me manter firme e resistir ao desespero que me arrastava.

Como viver feliz e tranquilo neste horrível estado? Encontro-me, todavia, ainda nele e mais enterrado do que nunca, e nele reencontrei a calma e a paz, e vivo feliz e tranquilo, e rio dos incríveis martírios a que meus perseguidores continuamente se submetem, enquanto permaneço em paz, dedicado a flores, estames e criancices, e sequer penso neles.

Como se deu essa passagem? De forma natural, imperceptível e sem dificuldades. A primeira surpresa foi terrível. Eu, que me sentia digno de amor e de estima; eu, que me acreditava honrado, querido como merecia ser, vi-me de repente travestido num monstro medonho tal qual jamais existiu outro. Vejo toda uma geração precipitar-se inteiramente nessa estranha opinião, sem explicação, sem dúvida, sem vergonha e sem que eu possa jamais descobrir a causa dessa curiosa revolução. Debati-me com violência e acabei apenas me afogando ainda mais. Tentei forçar meus perseguidores a se justificarem diante de mim, mas recusaram-se a fazê-lo. Após me atormentar por tanto tempo sem sucesso, foi realmente preciso tomar fôlego. Contudo, ainda tinha esperança, pensando: uma cegueira tão estúpida, uma prevenção tão absurda não poderia alcançar todo o gênero humano. Há homens sensatos que não partilham desse delírio; há almas justas que detestam a patifaria e os traidores. Procuremos por eles, talvez eu os encontre; se encontrar, eles serão desmascarados.

---

95. Expressão que significa perder o norte, o rumo. Ao pé da letra, significa perder de vista a estrela polar (*stella tramotana*, em italiano), que orientava os marinheiros em suas viagens antigamente. (N.T.)

No entanto, procurei em vão; não os encontrei. A liga é universal, sem exceção, sem volta, e estou certo de terminar meus dias nesta horrível proscrição, sem jamais desvendar-lhe o mistério.

É neste estado deplorável que, após longas angústias, em vez do desespero que parecia finalmente destinado a ser meu quinhão, encontrei a serenidade, a tranquilidade, a paz e até mesmo a felicidade, pois cada dia de minha vida me relembra com prazer o da véspera, e não desejo nenhum outro para o dia seguinte.

De onde vem essa diferença? De uma só coisa: aprendi a suportar o jugo da necessidade sem me queixar. É que eu me esforçava para prender-me ainda a mil coisas, mas depois que todos esses pontos de apoio me escaparam sucessivamente, tendo me reduzido apenas a mim, finalmente recuperei minha estabilidade. Pressionado por todos os lados, permaneço em equilíbrio, pois não me apego a mais nada; sustento-me apenas em mim mesmo.

Quando eu me erguia com tanto ardor contra a opinião, ainda suportava seu jugo, sem o perceber. Desejamos ser estimados pelas pessoas que estimamos, e enquanto pude julgar vantajosamente os homens, ou, pelo menos, alguns homens, os julgamentos que faziam a meu respeito não podiam ser-me indiferentes. Constatei então que esses julgamentos eram frequentemente equitativos; mas não percebia que essa mesma equidade era efeito do acaso, que as regras nas quais os homens fundam suas opiniões são extraídas apenas de suas paixões ou de seus preconceitos, os quais, por sua vez, são obras daquelas. Mesmo quando julgam bem, esses bons julgamentos frequentemente nascem de um mau princípio, como quando fingem honrar, em relação a algum sucesso, o mérito de um homem, não por espírito de justiça, mas para dar-se um ar imparcial, caluniando, absolutamente à vontade, o mesmo homem a respeito de outros pontos.

Mas quando, após buscas longas e vãs, vi-os permanecerem todos, sem exceção, no mais iníquo e absurdo sistema que o espírito infernal pudesse inventar; quando vi que, a meu respeito, a razão era banida de todas as cabeças, e a equidade, de todos os corações; quando vi uma geração frenética entregar-se inteiramente ao furor cego de seus guias contra um desafortunado que jamais fez, quis ou retribuiu mal a ninguém; quando, depois de ter procurado um homem, foi preciso finalmente apagar minha lanterna e exclamar "Não existe mais nenhum!", comecei então a ver-me sozinho na terra e compreendi que meus contemporâneos eram, em relação a mim, apenas seres mecânicos que agiam somente por impulsão e cuja ação eu não podia calcular senão pelas leis do movimento. Independentemente da intenção ou da paixão que eu pudesse ter suposto em suas almas, elas jamais teriam explicado sua conduta para comigo, de maneira que eu pudesse entender. É assim que suas disposições interiores deixaram de ser algo para mim. Não mais vi neles outra coisa senão massas diferentemente movidas, desprovidas, em relação a mim, de qualquer moralidade.

Em todos os males que nos atingem, observamos mais a intenção do que o efeito. Uma telha que cai de um telhado pode nos ferir, mas não nos desola tanto quanto uma pedra intencionalmente lançada por uma mão malévola. Por vezes, falha-se o alvo, mas a intenção nunca deixa de atingir. A dor física é a que menos sentimos nos atentados da fortuna, e, quando os desafortunados não sabem a quem culpar por seus infortúnios, culpam o destino, que eles personificam e ao qual atribuem olhos e inteligência para intencionalmente atormentá-los. É assim que um jogador ressentido por suas perdas se enfurece sem saber contra quem. Imagina uma sorte que se encarniça intencionalmente contra ele para atormentá-lo, e encontrando um alimento para a sua ira, anima-se e incendeia-se contra o inimigo que criou para si. O homem sábio que vê nos infortúnios que o atingem apenas os golpes da necessidade cega não sucumbe a essas insensatas agitações; grita em sua dor, mas sem exaltação, sem cólera; sente o mal de que é preso apenas o impacto material; e nenhum dos golpes que recebe, por mais que firam sua pessoa, atinge o seu coração.

Já é muito ter chegado até aqui, mas não é tudo. Se pararmos, teremos cortado o mal, mas preservado a raiz. Essa raiz não está nos seres que nos são estranhos, mas em nós mesmos, e é aí que se deve trabalhar para arrancá-la inteiramente. É isso que sinto desde que comecei a voltar a mim. Como minha razão me mostrava apenas disparates em todas as justificativas que eu procurava dar para o que me acontecia, compreendi que as causas, os instrumentos, os meios de tudo isso, desconhecidos e inexplicáveis para mim, também devem ser inexistentes; que eu devia encarar todos os detalhes de meu destino como tantos atos de uma pura fatalidade, na qual eu não devia supor nem direção, nem intenção, nem causa moral; que era preciso submeter-me a ela sem razoar e sem insurgir-me, pois isso era inútil; que, na medida em que tudo que ainda tinha a fazer na terra consistia em me encarar como um ser puramente passivo, eu não devia desperdiçar, resistindo inutilmente ao meu destino, a força que me restava para suportá-lo. É isso que eu me dizia, argumentos com que minha razão e meu coração consentiam. No entanto, este coração ainda se queixava. De onde vinha essa queixa? Procurei-a e a encontrei: vinha do amor-próprio, que, após ter-se indignado contra os homens, ainda se sublevava contra a razão.

Isso não era tão fácil de descobrir quanto se poderia acreditar, pois um inocente perseguido confunde, por muito tempo, com um puro amor da justiça o orgulho de seu pequeno indivíduo. Mas também a verdadeira fonte, uma vez bem conhecida, é fácil de estancar ou, pelo menos, de desviar. A estima de si mesmo é a maior motivação das almas orgulhosas; o amor-próprio, fértil em ilusões, se dissimula e se faz confundir com essa estima. Mas quando a fraude finalmente se descobre e o amor-próprio não pode mais ser dissimulado, ele não deve mais ser temido e, embora o sufoquemos com dificuldade, subjugamo-lo, pelos menos, facilmente.

Nunca tive muita inclinação para o amor-próprio. Mas essa paixão factícia se exaltara em mim na sociedade e, sobretudo, quando fui autor; talvez eu o tivesse menos do que outros, mas de fato o tinha. As terríveis lições que recebi logo o contiveram em seus primeiros limites; então o amor-próprio começou a se revoltar contra a injustiça, mas acabou por desdenhá-la: retraindo-se em minha alma, cortando as relações externas que o tornam exigente, renunciando às comparações, às preferências, contentou-se com que eu fosse bom para comigo mesmo; então, tornando a ser amor de mim mesmo, entrou na ordem da natureza, e libertou-me do jugo da opinião.

Desde então, reencontrei a paz da alma e, quase, a felicidade. Em qualquer situação em que nos encontremos, é somente por causa do amor-próprio que estamos constantemente infelizes. Quando ele silencia e a razão fala, ela nos consola de todos os males que não nos era possível evitar. Aniquila-os, mesmo que não atuem imediatamente em nós; estamos certos então de evitar seus mais pungentes ataques, deixando de nos preocupar com eles. Eles não são nada para aquele que não pensa neles. As ofensas, as vinganças, os privilégios, os ultrajes, as injustiças não são nada para aquele que vê nos males que sofre apenas o mal em si e não a intenção, para aquele cuja posição não depende, em sua própria estima, daquela que agrada aos outros lhe atribuir. Seja qual for a maneira como os homens desejam me ver, não poderiam alterar meu ser, e, não obstante seu poder e suas intrigas sombrias, continuarei a ser, a despeito do que façam, o que sou. É verdade que suas disposições a meu respeito influem em minha situação real. A barreira que introduziram entre mim e eles me priva de qualquer recurso de subsistência e de assistência em minha velhice e minhas necessidades. Ela torna até mesmo o dinheiro inútil, visto que ele não pode me proporcionar os serviços necessários; não há mais relação, nem socorro recíproco, nem correspondência entre nós. Sozinho entre eles, disponho apenas de mim como recurso, e esse recurso é bastante frágil na minha idade e no estado em que me encontro. São males poderosos, mas perderam toda sua força sobre mim a partir do momento em que eu soube suportá-los sem me irritar. Os pontos em que a verdadeira necessidade se faz sentir são sempre raros. A previdência e a imaginação os multiplicam, e é por essa continuidade de sentimentos que nos inquietamos e nos tornamos infelizes. Quanto a mim, por mais que eu saiba que sofrerei amanhã, basta-me não sofrer hoje para tranquilizar-me. Não me deixo afetar pelo mal que prevejo, mas apenas por aquele que sinto, e isso o reduz a pouquíssima coisa. Sozinho, doente e desprezado em meu leito, posso nele morrer de indigência, frio e fome, sem que ninguém se inquiete com isso. Mas o que importa isso, se nem mesmo a mim isso inquieta, e se me aflijo tão pouco quanto os outros sobre o meu destino, seja ele qual for? Não é nada, sobretudo na minha idade, ter aprendido a ver a vida e a morte, a doença e a saúde, a riqueza e a miséria, a glória e a difamação com a mesma indiferença? Todos os outros velhos se inquietam com tudo, enquanto eu não me inquieto com nada; aconteça o que acontecer, tudo me é indiferente; essa indiferença não é obra de minha sabedoria, e sim a de meus inimigos, e se torna uma compensação pelos males que me fazem. Tornando-me insensível à adversidade, fizeram-me um bem maior do que se me tivessem poupado dos ataques desta. Não a provando, eu poderia ainda temê-la, ao passo que, subjugando-a, não a temo mais.

Essa disposição me entrega, em meio às veredas da vida, à incúria de meu natural, quase tão plenamente quanto se eu vivesse na mais completa prosperidade. Excetuados os curtos momentos em que sou reconduzido, pela presença dos objetos, às mais dolorosas inquietudes, todo o resto do tempo, entregue por minhas inclinações às afeições que me atraem, meu coração se alimenta ainda dos sentimentos para os quais ele nasceu, e desfruto deles com os seres imaginários que os produzem e os compartilham, como se esses seres realmente existissem. Existem para mim que os criei, e não temo que me traiam nem que me abandonem. Durarão tanto quanto meus próprios infortúnios e bastarão para me fazer esquecê-los.

Tudo me traz de volta à vida feliz e doce para a qual nasci; passo três quartos dela ora ocupado com objetos instrutivos e até mesmo agradáveis, aos quais entrego com prazer meu espírito e meus sentidos, ora com as produções de minhas fantasias, que criei de acordo com meu coração e cuja companhia lhe alimenta os sentimentos, ora sozinho, satisfeito de mim mesmo e já repleto da felicidade que sinto me ser devida. Em tudo isso, o amor de mim mesmo faz todo o trabalho, o amor-próprio não tem qualquer participação. Isso não ocorre nos tristes momentos que ainda passo entre os homens, joguete de suas traiçoeiras bajulações, de seus cumprimentos exagerados e escarnecedores, de sua afetada malignidade. Seja qual for minha maneira de proceder, o amor-próprio faz então seu jogo. O ódio e a animosidade que vejo em seus corações através desse grosseiro invólucro dilaceram o meu de dor, e a ideia de ter sido tão ingênuo acrescenta a essa dor um ressentimento muito pueril, fruto de um tolo amor-próprio, cuja tolice sinto inteiramente, mas o qual não posso subjugar. São incríveis os esforços que fiz para endurecer-me a esses olhares insultantes e zombadores. Por cem vezes transitei pelos passeios públicos e pelos locais mais frequentados, no único intuito de exercitar-me nesses cruéis combates. Não somente não pude fazê-lo, como também não progredi, e todos os meus penosos mas vãos esforços me deixaram tão fácil de perturbar, de desolar e de indignar quanto antes.

Dominado por meus sentidos, a despeito do que eu pudesse fazer, nunca soube resistir a suas impressões, e enquanto o objeto age sobre eles, meu coração não deixa de ser afetado. No entanto, essas afeições passageiras duram apenas tanto quanto a sensação que as causa. A presença do homem odioso me afeta violentamente, mas assim que ele desaparece, a impressão cessa; no instante em que deixo de vê-lo, paro de pensar nele. Por mais que eu saiba que ele se preocupará comigo, eu não poderia preocupar-me com ele. O mal que não sinto atualmente não me afeta de maneira alguma; o perseguidor que não vejo inexiste para mim. Sinto a vantagem que essa posição confere àqueles que dispõem de meu destino. Então que disponham dele de acordo com sua vontade. Prefiro que ser atormentado sem resistência a ser forçado a pensar neles para proteger-me de seus golpes.

Essa ação de meus sentidos sobre meu coração constitui o único tormento de minha vida. Nos lugares em que não vejo ninguém, não penso mais em meu destino, não o sinto mais, não sofro mais. Estou feliz e contente, sem distração e sem obstáculo. Mas raramente escapo a alguma ofensa sensível, e, quando menos espero, um gesto que vejo, um olhar sinistro que percebo, uma palavra venenosa que ouço ou um homem malévolo que encontro bastam para me perturbar. Tudo que posso fazer em semelhante caso é esquecer rapidamente e fugir. A perturbação de meu coração desaparece com o objeto que a causou, e reencontro a calma assim que fico sozinho. Ou, se algo me inquieta, é o temor de encontrar em meu caminho um novo motivo de dor. Esse é meu único desgosto, mas é suficiente para alterar minha felicidade. Moro no seio de Paris. Ao sair de casa, sinto falta do campo e da solidão, mas é preciso ir buscá-la tão longe que, antes de poder respirar à vontade, encontro em meu caminho mil objetos que me apertam o coração, e a metade do dia transcorre em angústias, até alcançar o asilo que vou buscar. Quanta felicidade sinto quando me deixam terminar meu trajeto! O momento em que escapo ao cortejo dos maléficos é delicioso, e assim que me vejo sob as árvores, em meio à vegetação, acredito encontrar-me no paraíso terrestre, e sinto um prazer interior tão intenso que pareço ser o mais feliz dos mortais.

Lembro perfeitamente que, em minhas curtas prosperidades, essas mesmas caminhadas solitárias que hoje são tão prazerosas, me eram insípidas e entediantes. Quando eu era recebido por alguém no campo, a necessidade de exercitar-me e de respirar ar puro me convidava a sair sozinho, e, escapando como um ladrão, ia caminhar no parque ou no campo. Mas, longe de encontrar a calma feliz que experimento hoje, trazia comigo a agitação das ideias fúteis que me haviam ocupado no salão; a lembrança da companhia que eu deixara me seguia. Na solidão, os vapores do amor-próprio e o tumulto do mundo manchavam, aos meus olhos, o frescor dos bosques e perturbavam a paz do retiro. Por mais que eu me refugiasse no meio da natureza, uma multidão inoportuna me seguia por todo lado e me ocultava toda a natureza. Foi apenas depois de me desprender das paixões sociais e de seu triste cortejo que a reencontrei com todos os seus encantos.

Convencido da impossibilidade de conter esses primeiros movimentos involuntários, interrompi todos os meus esforços nesse sentido. A cada ofensa, deixo o meu sangue acender-se e a cólera e a indignação apoderarem-se de meus sentidos; cedo à natureza essa primeira explosão que nem mesmo todas as minhas forças poderiam deter ou suspender. Procuro somente deter-lhe as consequências, antes que venha a produzir qualquer efeito. Os olhos cintilantes, o ardor do rosto, o tremor dos membros, as sufocantes palpitações, tudo isso se deve apenas ao físico, e o raciocínio nada pode fazer a respeito. Mas, após deixar que o natural tenha sua primeira explosão, pode-se voltar a ser senhor de si, recobrando pouco a pouco os sentidos; foi o que por muito tempo tentei fazer, sem sucesso, mas, afinal, com mais felicidade; e deixando de empregar minha força numa resistência inútil, aguardo o momento de vencer, deixando agir minha razão, pois ela fala comigo apenas quando pode fazer-se escutar. Ah! Que estou dizendo! Minha razão? Eu cometeria um grande erro em atribuir-lhe a honra do triunfo, pois ela tem pouca participação nisso; tudo vem igualmente de um temperamento versátil que um vento impetuoso agita, mas que se acalma no instante em que o vento deixa de soprar; é meu natural ardente que me agita, é meu natural indolente que me apazigua. Cedo a todas as impulsões presentes, o choque me dá um movimento intenso e curto; logo que deixa de haver choque, cessa o movimento, nada do que é comunicado pode prolongar-se em mim. Todos os acontecimentos da fortuna, todas as artimanhas dos homens, têm pouco poder sobre um homem assim constituído. Para atingir-me com sofrimentos duráveis, seria necessário que a impressão se renovasse a cada instante, pois os intervalos, por mais curtos que fossem, bastariam para devolver-me a mim mesmo. Sou o que agrada aos homens enquanto podem agir sobre meus sentidos, mas, no primeiro instante de relaxamento, torno a ser o que a natureza desejou; é este, a despeito do que se possa fazer, meu estado mais constante, e aquele pelo qual, a despeito do destino, experimento uma felicidade para que me sinto constituído. Descrevi este estado num de meus devaneios; tanto me convém que não desejo nada além de sua duração, e temo apenas vê-lo perturbado. O mal que me fizeram os homens não me afeta de modo algum; apenas o temor do que ainda podem fazer é capaz de me agitar. Por outro lado, certo de que não dispõem de nenhum novo meio pelo qual possam me afetar com um sentimento permanente, rio de todas as suas tramas e desfruto de mim mesmo, a despeito deles.

NONA CAMINHADA

A felicidade é um estado permanente que não parece feito para o homem neste mundo. Na terra, tudo se encontra num fluxo contínuo que não permite que nada assuma uma forma constante. Tudo muda ao nosso redor. Nós mesmos mudamos, e ninguém pode garantir que gostará amanhã do que gosta hoje. Assim, todos os nossos projetos de felicidade para esta vida são quimeras. Aproveitemos o contentamento de espírito quando ele vem, abstenhamo-nos de afastá-lo por nossa culpa, mas não façamos projetos para acorrentá-lo, pois tais projetos são puras loucuras. Vi poucos homens felizes, talvez nenhum; mas frequentemente vi corações contentes, e de todos os objetos que me impressionaram, é este que mais me contentou. Acredito tratar-se de uma consequência natural do poder das sensações sobre meus sentimentos internos. A felicidade não tem qualquer insígnia externa; para conhecê-la, seria preciso ler o coração do homem feliz; mas o contentamento é lido nos olhos, no porte, no acento, no caminhar, e parece transmitido àquele que o percebe. Existe algum gozo mais doce do que o de ver um povo inteiro entregar-se à alegria num dia de festa, e todos os corações desabrocharem aos raios expansivos do prazer que passa rápida porém intensamente, através das nuvens da vida?...

Há três dias, o sr. P.[96] veio, com extraordinária prontidão, mostrar-me o elogio da sra. Geoffrin[97] feito pelo sr. D. [D'Alembert[98]]. A leitura

---

96. Personagem de difícil identificação. Poderia, entretanto, ser o genebrino Pierre Prévost, preceptor dos filhos de Madeleine Delessert e um dos grandes frequentadores da casa de Rousseau em seus últimos anos de vida (cf. DIDIER, Béatrice. "La visite au musicien". In: BERCHTOLD, J.; PORRET, M. (orgs.). *Rousseau visité, Rousseau visiteur: Les dernières années 1770-1778*, Genebra: Droz, 1999, p. 155 e ss.). (N.T.)

97. Marie-Thérèse Geoffrin (1699-1777), uma das mais importantes personagens do Iluminismo francês. Mantinha um importante salão literário, frequentado pela alta-roda intelectual de Paris. (N.T.)

98. D'Alembert escreveu um elogio póstumo a Geoffrin. O texto foi publicado com o *Lettre de M. d'Al*** à M. le Marquis de C*** sur Madame Geoffrin*. (N.T.)

foi precedida de longas e sonoras gargalhadas a respeito do ridículo neologismo dessa peça e dos jocosos trocadilhos dos quais, segundo dizia, ela estava repleta. Começou a ler, ainda rindo. Escutei-o com uma seriedade que o acalmou, e, vendo que não o imitava, finalmente parou de rir. O artigo mais longo e mais esmerado dessa peça tratava do prazer que sentia a sra. Geoffrin em observar as crianças e incentivá-las a conversar. O autor extraía, com razão, dessa disposição uma prova de bom natural. Mas não se detinha nisso, e acusava decididamente de mal natural e de maldade todos aqueles que não partilhavam do mesmo gosto, a ponto de dizer que, caso interrogassem a esse respeito todos aqueles que são conduzidos à forca ou à roda, todos admitiriam não terem amado as crianças. Essas asserções produziam, no lugar em que se encontravam, um efeito singular. Supondo que tudo isso seja verdadeiro, era essa a ocasião de dizê-lo? E era preciso manchar o elogio de uma mulher estimável com imagens de suplício e de malfeitores? Compreendi facilmente o motivo dessa desagradável afetação e, quando o sr. P. terminou de ler, ressaltando o que me pareceu bom no elogio, acrescentei que, ao escrevê-lo, o autor tinha no coração menos amizade do que ódio.

No dia seguinte, o tempo estava bastante bom, embora frio; fui fazer uma caminhada até a escola militar, esperando nela encontrar musgos em plena flor; no caminho, sonhava com a visita da véspera e com o escrito do sr. D. [D'Alembert], no qual eu acreditava que o relato episódico não fora introduzido sem intento, e a mera afetação de trazer-me essa brochura, a mim, de quem tudo é escondido, bastava para revelar-me qual era o seu objetivo. Eu deixara meus filhos nas Crianças Encontradas.[99] Isso bastou para que eu fosse travestido de pai desnaturado, e a partir daí, estendendo e alimentando essa ideia, chegou-se pouco a pouco à conclusão evidente de que eu odiava as crianças; seguindo, pelo pensamento, o encadeamento dessas gradações, eu admirava com que habilidade a indústria humana sabe transformar as coisas de branco em preto. Pois não acredito que algum homem tenha amado mais do que eu ver pequenos garotos brincarem e jogarem juntos; e frequentemente, na rua e nos passeios, paro para observar suas travessuras e seus jogos

---

99. Criado em 1638, o Hospital das Crianças Encontradas era uma instituição religiosa situada em Paris para acolher crianças deserdadas e abandonadas. (N.T.)

com um interesse que não vejo ser partilhado por ninguém. No mesmo dia em que veio o sr. P., uma hora antes de sua visita, chegaram aqui dois garotos de Du Soussoi, os filhos mais novos de meu anfitrião, sendo que o mais velho deve ter sete anos. Vieram beijar-me com tão boa vontade, e eu lhes devolvera tão carinhosamente seus afagos, que, a despeito da diferença de idade, pareciam sinceramente à vontade comigo. E, quanto a mim, estava extasiado de alegria por ver que meu velho rosto não os repelira; até mesmo o mais jovem parecia tão confortável com minha presença que, mais infantil do que eles, eu já me sentia apegado a ele por preferência, e o vi partir com tanto pesar quanto como se me tivesse pertencido.

Compreendo que a reprovação por ter deixado meus filhos nas Crianças Encontradas tenha facilmente degenerado, com alguma distorção, na de ser um pai desnaturado e que odeia crianças. Entretanto, foi o temor de um destino mil vezes pior para eles, e quase inevitável por qualquer outra via, que mais me determinou nessa atitude. Mais indiferente quanto ao que eles se tornariam, e sem condições de criá-los eu mesmo, teria sido necessário, em minha situação, deixar que fossem criados por sua mãe, que os teria mimado, e por sua família, que os teria transformado em monstros. Ainda tremo quando penso nisso. O que Maomé fez de Zaide[100] não é nada perto do que se teria feito deles em relação a mim, e as armadilhas que me foram posteriormente preparadas a esse respeito bastam para confirmar que tal projeto havia sido concebido. Na verdade, eu estava então muito longe de prever essas tramas atrozes, mas sabia que a educação menos perigosa para eles era a das Crianças Encontradas, e lá os deixei. Com certeza eu faria isso novamente, e também com menos dúvidas, se isso tivesse de ser feito, e sei bem que nenhum pai é mais terno do que eu teria sido para eles, por pouco que o hábito tivesse auxiliado a natureza.

---

100. Rousseau se refere aqui à peça *Le Fanatisme, ou Mahomet le Prophète* [O fanatismo, ou Maomé, o Profeta], de Voltaire, escrita em 1736 e encenada pela primeira vez em 1741, sendo posteriormente proibida por uma decisão do Parlamento de Paris. A obra, que tem por cenário o cerco de Meca por Maomé em 630, gira em torno do confronto entre Maomé e Zopiro, xeque de Meca, cujos filhos haviam sido raptados por seu inimigo. Zopiro, porém, mantinha em cativeiro dois escravos de Maomé, Zaide e Palmira, sem saber que eram, na verdade, seus próprios filhos. Prometendo-lhe a mão de Palmira, Maomé convence o jovem e crédulo Zaide a assassinar Zopiro, seu próprio pai e o de Palmira. (N.T.)

Se fiz algum progresso no conhecimento do coração humano, o que me valeu esse conhecimento foi o prazer que eu tinha em ver e observar as crianças. Em minha juventude, esse mesmo prazer introduziu uma espécie de obstáculo, pois eu brincava tão alegremente e de tão bom grado com as crianças que pouco pensava em estudá-las. Mas quando, ao envelhecer, vi que meu rosto caduco as inquietava, abstive-me de importuná-las – preferi me privar de um prazer a perturbar-lhes a alegria, e contente então em satisfazer-me observando seus jogos, e todas as suas pequenas artimanhas, encontrei a compensação para o meu sacrifício: a luz que essas observações me fizeram adquirir sobre os primeiros e verdadeiros movimentos da natureza, sobre os quais nossos cientistas não sabem nada. Registrei em meus escritos a prova de que eu me dedicara a essa pesquisa com cuidado demasiado para não a ter feito com prazer, e seria seguramente a coisa mais incrível do mundo que *Heloísa*[101] e *Emílio* fossem obra de um homem que não amasse as crianças.

Nunca tive nem presença de espírito nem facilidade para falar; mas, desde meus infortúnios, minha língua e minha mente se encontram cada vez mais embaraçadas. A palavra e a ideia também me escapam, e nada exige um discernimento melhor e uma escolha de expressões mais precisas do que as palavras proferidas às crianças. O que aumenta ainda mais esse embaraço em mim é a atenção dos ouvintes, as interpretações e o peso que conferem a tudo que parte de um homem, que, tendo escrito para as crianças, deve supostamente falar-lhes apenas por meio de oráculos. Esse incômodo extremo e a inaptidão que sinto em mim me perturbam, me desconcertam, e eu estaria muito mais à vontade diante de um monarca da Ásia do que diante de um garoto que se deve fazer tagarelar.

Outro inconveniente me mantém agora mais afastado delas, e, desde meus infortúnios, vejo-as sempre com o mesmo prazer, mas não tenho com elas a mesma familiaridade. As crianças não apreciam a velhice. O aspecto da natureza abatida é hediondo aos seus olhos. Sua repugnância,

---

101. *Júlia, ou a Nova Heloísa* [*Julie ou la Nouvelle Héloïse*], romance epistolar de Rousseau, publicado em 1761. Trata-se do relato da relação amorosa entre uma jovem nobre e seu preceptor de origem humilde. Nesse grande êxito de vendas, Rousseau antecipa alguns dos temas que seriam abordados em *Emílio ou Da educação*, publicado no ano seguinte. (N.T.)

que percebo, me desola, e prefiro abster-me de afagá-las a causar-lhes embaraço e desgosto. Esse motivo, que age apenas em almas verdadeiramente afetuosas, é inexplicável. A sra. Geoffrin preocupava-se pouco se as crianças se sentiam à vontade com ela, contanto que ela própria se sentisse. Para mim, porém, esse prazer é pior do que nulo; é negativo quando não é compartilhado, e não estou mais na situação nem na idade em que eu via o pequeno coração de uma criança alegrar-se com o meu. Se isso ainda pudesse acontecer, esse prazer, tornando-se mais raro, seria para mim ainda mais intenso; eu o senti, naquela manhã, quando estava em companhia dos garotos de Du Soussoi, não porque a babá não era muito intimidante – e eu sentia menos a necessidade de me conter diante dela –, mas também porque o ar jovial com que me abordaram não desapareceu, e não pareceram sentir desprazer nem entediar-se comigo.

Se eu ainda tivesse alguns momentos de carinho que viessem do coração, mesmo que de uma criança ainda de *jaquette*,[102] se eu ainda pudesse ver nos olhos delas a alegria e o contentamento de estar na minha presença, quantos males e sofrimentos poderiam ser compensados por essas curtas mas doces efusões de meu coração? Ah! Eu não seria obrigado a buscar entre os animais o olhar de benevolência que me é hoje recusado entre os humanos. Posso julgá-lo com base em pouquíssimos exemplos, mas sempre preciosos à minha memória. Aqui está um que, em qualquer outro estado, eu teria quase esquecido, e cuja impressão em mim produzida retrata bem toda a minha miséria.

Faz dois anos que, tendo ido caminhar pelos lados de Nouvelle-France,[103] segui adiante. Então, virando à esquerda e desejando passear por Montmartre, atravessei a aldeia de Clignancourt. Eu andava distraído e sonhando, sem olhar ao meu redor, quando, de repente, senti algo me bater nos joelhos. Baixei os olhos e vi uma pequena criança de cinco ou seis anos que me apertava os joelhos com toda a sua força, olhando-me com um ar tão familiar e tão afetuoso que minhas entranhas se comoveram. Pensei: seria assim que eu teria sido tratado pelos

---

102. Vestimenta confortável e comprida usada por meninos jovens demais para usarem calças. (N.T.)
103. Bairro parisiense hoje conhecido como Faubourg Poissonière. Nouvelle-France era uma referência à colônia francesa na América do Norte, a Nova França (no atual Canadá). Situa-se a leste do famoso bairro de Montmartre. (N.T.)

meus filhos. Peguei-a no colo, beijei-a por diversas vezes numa espécie de arrebatamento, e então continuei meu caminho. Sentia, ao andar, que me faltava alguma coisa. Uma forte necessidade me fazia querer voltar atrás. Eu me censurava por ter deixado tão bruscamente o infante; acreditava ver em sua ação, sem causa aparente, uma espécie de inspiração que não se devia desdenhar. Finalmente, cedendo à tentação, retornei; corri até a criança, beijei-a novamente, dei-lhe dinheiro suficiente para comprar pãezinhos de Nanterre,[104] vendidos por um mercador que por acaso passava por lá, e incentivei-a a falar. Perguntei quem era seu pai. A criança apontou para ele, que naquele momento atava tonéis. Eu estava prestes a deixar a criança para ir falar com ele, quando vi que se antecipara a mim um homem de má aparência, que me pareceu ser uma dessas moscas que andam me perseguindo. Enquanto esse homem lhe cochichava ao ouvido, vi os olhares do tanoeiro se fixarem atentamente em mim, com um ar que nada tinha de amistoso. Essa cena me apertou imediatamente o coração, e prontamente deixei o pai e a criança, mas numa perturbação que alterou todas as minhas disposições. Senti-as, entretanto, renascerem frequentemente desde então; passei diversas vezes por Clignancourt, na esperança de reencontrar aquela criança, mas nunca mais a vi, nem ela nem seu pai, e restou daquele encontro apenas uma lembrança bastante viva, sempre mesclada a doçura e tristeza, como todas as emoções que ainda penetram, por vezes, em meu coração.

Há compensação para tudo. Se meus prazeres são raros e curtos, experimento-os também mais intensamente quando vêm do que se me fossem mais familiares; rumino-os, por assim dizer, por meio de frequentes recordações; e por mais raros que sejam, se fossem puros e sem mistura, eu talvez fosse mais feliz do que em minha prosperidade. Na extrema miséria, sentimo-nos ricos com pouco. Um pobre que encontra um escudo[105] é mais afetado por isso do que um rico que encontra uma bolsa de ouro. As pessoas ririam caso vissem em minha alma a impres-

---

104. Pequenos brioches abençoados, originalmente marcados com o sinal da cruz. Esses pãezinhos eram uma tradição originária da região de Nanterre, tendo-se então difundido por toda a França. Com o tempo, tornaram-se mais raros. (N.T.)
105. O escudo (écu, em francês) era uma antiga moeda francesa, cujo valor variou consideravelmente ao longo do tempo. Se, no século XIII, o escudo era uma moeda de ouro, com o tempo o termo passou a designar também moedas de prata de menor valor. (N.T.)

são que nela produzem os menores prazeres dessa espécie, que posso subtrair à vigilância de meus perseguidores. Há quatro ou cinco anos, ofereceu-se um dos mais doces desses prazeres, do qual nunca me lembro sem sentir-me extasiado de alegria por tê-lo aproveitado tão bem.

Num domingo, fomos, minha esposa e eu, jantar na porta Maillot. Depois da refeição, atravessamos o bosque de Boulogne até a Muette.[106] Lá, sentamos sobre a grama, na sombra, esperando que o sol baixasse, para então retornar muito suavemente por Passy. Umas vinte menininhas, conduzidas por uma espécie de freira, vieram umas a sentar-se, outras a brincar perto de nós. Durante seus jogos, passou um vendedor de *oublies*, com seu tambor e sua roda,[107] em busca de clientes. Vi que as menininhas cobiçavam muito os doces, e duas ou três delas, que aparentemente possuíam alguns *liards*,[108] pediram permissão para jogar. Enquanto a governanta hesitava e discutia, chamei o vendedor de *oublies* e lhe disse: fazei com que todas essas donzelas joguem, cada uma na sua vez, e eu vos pagarei pelo todo. Tais palavras espalharam pelo bando uma alegria que teria bastado para pagar minha bolsa, caso eu a tivesse gasto inteiramente nisso.

Como vi que elas se apressavam com um pouco de confusão, com a aprovação da governanta, fiz com que se alinhassem todas de um lado e então passassem para o outro lado uma após a outra, à medida que jogassem. Embora não houvesse nenhum bilhete em branco e fosse atribuído, pelo menos, um doce a cada uma das que não ganhassem nada, e nenhuma delas pudesse estar absolutamente descontente, a fim de tornar a festa ainda mais alegre, disse secretamente ao vendedor de *oublies* que usasse sua destreza ordinária em sentido contrário, fazendo sair tantos prêmios quanto pudesse, e que eu lhe pagaria. Com essa previdência, houve perto de uma centena de doces distribuídos, embora as menininhas jogassem apenas uma vez cada uma; pois, a esse respeito, fui

---

106. Muette: hoje, bairro parisiense situado entre o bosque de Boulogne e Passy, e à proximidade da porta Maillot, um dos acessos ocidentais da cidade. (N.T.)
107. No século XVIII, o *oublieur* era um mercador ambulante de *oublie*, um tipo de doce. O vendedor carregava um *tourniquet*, isto é, uma pequena roda de loteria. Esta servia para um jogo, cujo prêmio eram os referidos doces. (N.T.)
108. O *liard* era uma moeda de cobre cujo valor era equivalente a três denários. Um soldo equivalia a quatro *liards*. (N.T.)

inexorável, não desejando favorecer abusos, nem marcar preferências que produzissem descontentamentos. Minha mulher insinuou àquelas que ganhavam bons prêmios que dessem uma parte às suas camaradas, de sorte que a partilha se tornou quase igual, e a alegria mais geral.

Roguei à freira que jogasse por sua vez, temendo muito que rejeitasse desdenhosamente minha oferta; aceitou-a de bom grado, jogou como as pensionárias e recebeu sem cerimônia o que lhe coube. Fiquei infinitamente agradecido, e encontrei naquilo uma espécie de polidez que muito me agradou, e que vale tanto, acredito, quanto a da afetação. Durante toda a operação, houve disputas que foram apresentadas diante de meu tribunal, e essas menininhas, vindo advogar sucessivamente sua causa, deram-me a ocasião de observar que, embora nenhuma delas fosse bonita, a gentileza de algumas fazia esquecer sua feiura.

Deixamo-nos, finalmente, muito satisfeitos uns dos outros, e aquela tarde foi, em toda minha vida, uma daquelas cuja lembrança guardo com maior satisfação. De resto, a festa não foi ruinosa. Por trinta soldos ela, no máximo, me custou, houve mais de cem escudos de contentamento; tanto isso é verdade que o prazer não se mede com base na despesa, e que a alegria é mais amiga dos *liards* do que dos luíses.[109] Retornei por diversas vezes ao mesmo local, na mesma hora, esperando encontrar novamente o pequeno bando, mas isso nunca mais ocorreu.

Isso me lembra de outro divertimento, mais ou menos da mesma espécie, cuja lembrança vem de muito mais longe. Era na infeliz época em que, intrometido entre os ricos e as pessoas de letras, eu me encontrava, por vezes, reduzido a partilhar de seus tristes prazeres. Eu estava na Chevrette[110] na época da festa do senhor da casa; toda sua família se reunira para celebrá-la; e todo o esplendor dos prazeres ruidosos foi acionado para esse efeito. Espetáculos, banquetes, fogos de artifício, nada foi poupado. Não tínhamos tempo de tomar fôlego, e nos atordoávamos em vez de nos divertir. Após o jantar, fomos tomar ar na avenida, onde ocorria uma espécie de feira. Havia dança; os senhores se dignaram a

---

109. O luís é uma pesada moeda de ouro, que valia quase 2 mil *liards*. (N.T.)
110. Parque de la Chevrette (situado no vale de Montmorency), pertencente à marquesa d'Épinay, escritora e amiga de Rousseau que mandara construir no local uma pequena casa para o filósofo, na qual este se refugiou em 1756, sendo posteriormente forçado a deixar a residência, por influência do barão de Grimm. (N.T.)

dançar com as camponesas, mas as damas mantiveram sua dignidade. Lá, vendiam-se pães de mel. Um jovem da companhia decidiu comprar alguns para atirá-los, um após o outro, no meio da multidão, e era tão prazeroso ver todos esses rurais se precipitarem, lutarem e se derrubarem para pegá-los que todo o mundo quis se dar o mesmo prazer. Pães de mel voando por todos os lados, e moças e rapazes correndo, se amontoando e se estropiando; isso parecia encantador a todos. Fiz como os outros por falsa vergonha, embora, no meu interior, não me divertisse tanto quanto eles. Mas, logo aborrecido por esvaziar minha bolsa para esmagar as pessoas, abandonei a boa companhia, e fui caminhar sozinho pela feira. A variedade dos objetos me enteteve por um bom tempo. Percebi, entre outros, cinco ou seis saboianos em torno de uma menininha que ainda tinha em seu cesto[111] uma dúzia de maçãs das quais teria realmente desejado se livrar. Os saboianos, por sua vez, teriam desejado livrá-la delas, mas todos juntos não possuíam mais do que dois ou três *liards*, e isso não bastava para comprar muitas maçãs. Aquele cesto era para eles o jardim das Hespérides, e a menininha era o dragão que o guardava.[112] Essa cena me divertiu por um bom tempo; finalmente, dei-lhe o desenlace, pagando as maçãs à menininha e fazendo-as distribuir aos menininhos. Assisti então a um dos mais doces espetáculos que deleitam o coração de um homem: ver a alegria unida à inocência da idade espalhar-se ao meu redor. Pois mesmo os espectadores, ao testemunhá-la, dela partilharam, e eu, que partilhava a tão baixo custo dessa alegria, tinha, além disso, a de sentir que era obra minha.

Comparando esse divertimento àqueles que eu acabava de deixar, sentia com satisfação a diferença que existe entre, de um lado, os gostos sãos e os prazeres naturais e, de outro, aqueles que a opulência faz nascer, e que são, quando muito, prazeres de zombaria e gostos exclusivos gerados pelo desprezo. Pois que espécie de prazer se podia sentir em ver manadas de homens aviltados pela miséria amontoarem-se, sufocarem-se,

---

111. No original, *inventaire* (inventário), que, em linguagem popular, designava um cesto raso. (N.T.)

112. Na mitologia grega, o Jardim das Hespérides era a morada das ninfas que levavam esse nome. Em tal jardim, guardado por Ladão, um dragão com corpo de serpente e cem cabeças, era possível encontrar maçãs de ouro. (N.T.)

estropiarem-se brutalmente para disputar avidamente alguns pedaços de pão de mel espezinhados e cobertos de lama?

Por minha parte, quando refleti bem sobre a espécie de voluptuosidade que eu provava nessas ocasiões, concluía que ela consistia menos num sentimento de beneficência do que no prazer de ver rostos contentes. Esse aspecto tem para mim um encanto que, embora penetre em meu coração, parece ser unicamente uma sensação. Se não vejo a satisfação que causo, ainda que esteja certo dela, desfruto dela apenas parcialmente. É até mesmo para mim um prazer desinteressado que não depende da parte que possa tomar nele. Pois, nas festas do povo, o de ver rostos alegres sempre me atraiu fortemente. Essa expectativa foi, entretanto, frequentemente frustrada na França, essa nação que se pretende tão alegre, mas que mostra tão pouco a alegria em seus jogos. No passado, eu costumava ir aos cabarés[113] para ver dançar o povo humilde: mas suas danças eram tão enfadonhas, seu porte tão dolente, tão desajeitado, que eu partia mais desgostoso do que quando entrei. Mas, em Genebra, e na Suíça inteira, onde o riso não se evapora continuamente em loucas malignidades, tudo nas festas exala contentamento e alegria. A miséria não lhes traz seu hediondo aspecto. O fausto tampouco mostra sua insolência. O bem-estar, a fraternidade, a concórdia predispõem os corações a expandirem-se, e com frequência, nos arrebatamentos de uma inocente alegria, os desconhecidos se abordam, se abraçam e se convidam a desfrutar juntamente dos prazeres do dia. Para gozar eu mesmo dessas amáveis festas, não tenho necessidade de participar delas. Basta vê-las; e, vendo-as, partilho delas; e entre tantos rostos alegres, estou bastante certo de que não há coração mais alegre do que o meu.

Embora seja apenas um prazer de sensação, ele certamente tem uma causa moral, e a prova disso é que esse mesmo aspecto, em vez de me encantar e de me agradar, pode me dilacerar de dor e de indignação, quando sei que esses sinais de prazer e de alegria nos rostos dos homens maus são apenas evidências de que sua malignidade está satisfeita. A alegria inocente é a única cujos sinais deleitam meu coração. Os da cruel e zombadora alegria o desolam e o afligem, ainda que ela não guarde

---

113. No original, *guinguettes*, cabarés situados em áreas periféricas ou suburbanas das cidades onde as pessoas do povo se divertiam em dias festivos. (N.T.)

nenhuma relação comigo. Esses sinais, sem dúvida, não poderiam ser exatamente os mesmos, partindo de princípios tão diferentes: mas também são, afinal, sinais de alegria, e suas diferenças sensíveis seguramente não são proporcionais às dos sentimentos que estimulam em mim.

Os sentimentos de dor e de mágoa me são ainda mais sensíveis; a tal ponto que é impossível suportá-los sem que eu me encontre agitado por emoções talvez ainda mais intensas do que as que eles representam. Reforçando a sensação, a imaginação me identifica com o ser sofredor e me dá mais angústia do que ele mesmo sente. Um rosto descontente ainda é um espetáculo impossível de suportar, sobretudo se esse descontentamento me diz respeito. Eu não saberia contar quantos escudos me custou o ar rezingão e aborrecido dos lacaios que servem resmungando nas casas para as quais eu tinha, no passado, a tolice de me deixar arrastar, e nas quais os criados sempre me fizeram pagar muito caro a hospitalidade dos senhores. Sempre demasiadamente afetado pelos objetos sensíveis, e sobretudo pelos que ostentam sinais de prazer ou de desgosto, de benevolência ou de aversão, deixo-me arrastar por essas impressões exteriores, sem jamais poder esquivar-me delas senão pela fuga. Um sinal, um gesto, uma olhadela de um desconhecido bastam para perturbar meus prazeres ou acalmar meus sofrimentos. Pertenço a mim mesmo apenas quando estou só; fora dessa situação, sou o joguete de todos aqueles que me cercam.

No passado, eu vivia na sociedade com prazer, quando via em todos os olhos apenas benevolência ou, na pior das hipóteses, indiferença naqueles de quem eu era desconhecido. Mas hoje, quando faço tanto esforço para mostrar meu rosto ao povo quanto para esconder-lhe meu natural, não posso pôr os pés na rua sem ver-me cercado de objetos dilacerantes. Apresso-me em alcançar, a passos largos, o campo; logo que vejo a vegetação, começo a respirar. É de surpreender que eu ame a solidão? Vejo apenas animosidade nos rostos dos homens, enquanto a natureza sempre me sorri.

Não obstante, ainda sinto, é preciso admiti-lo, prazer em viver entre os homens, contanto que meu rosto lhes seja desconhecido. Mas é um prazer que não me deixam ter. Eu ainda apreciava, há alguns anos, atravessar as aldeias e ver, pela manhã, os lavradores consertando seus manguais ou as mulheres à porta com os filhos. Essa visão tinha algo que tocava meu coração. Por vezes, eu me detinha, sem refletir, para olhar as manobras dessa boa gente, e suspirava sem nem saber por quê. Ignoro se me viram sensível a esse pequeno prazer e se também quiseram privar-me dele; mas, pela mudança que percebo nas fisionomias do meu caminho e pelo ar com que sou encarado, sou realmente forçado a compreender que se tomou o cuidado de privar-me desse incógnito. A mesma coisa me aconteceu de maneira mais pronunciada nos Inválidos.[114] Esse belo estabelecimento sempre me interessou. Não vejo nunca sem enternecimento e veneração esses grupos de bons velhos que podem afirmar, assim como os da Lacedemônia:[115]

Fomos noutros tempos
jovens, valorosos e intrépidos.[116]

Uma de minhas caminhadas favoritas era a que eu fazia em volta da escola militar e encontrava, com prazer, aqui e ali, alguns inválidos que, tendo conservado a antiga honestidade militar, me saudavam ao passar. Essa saudação, que meu coração lhes devolvia cem vezes maior, me lisonjeava e fazia crescer o prazer que eu tinha em vê-los. Como não sei dissimular nada do que me comove, eu costumava falar muito dos inválidos e de como seu aspecto me comovia. Não foi preciso mais nada. Depois de algum tempo, percebi que já não era mais um desconhecido para eles, ou melhor, que o era muito mais, pois me olhavam com o mesmo olhar do público. Acabou-se a honestidade, acabaram-se as saudações. Um ar repugnante, um olhar cruel sucedera à sua urbanidade primeira. A antiga franqueza de seu ofício não os deixava, como os outros, cobrir sua animosidade com uma máscara risonha e traidora: manifestam-me abertamente o mais violento ódio, e tal é o excesso de minha miséria que sou forçado a distinguir em minha estima aqueles que me dissimulam menos o seu furor.

---

114. Hôtel des Invalides (ou residência dos Inválidos), monumento construído em 1670, por ordem de Luís XIV, para abrigar os inválidos do exército real. Embora tenha se convertido em atração turística, o local ainda acolhe inválidos nos dias de hoje. (N.T.)
115. Ou Lacônia, parte da Grécia, na região do Peloponeso, e cuja capital é Esparta. (N.T.)
116. Citação extraída das *Obras Morais*, de Plutarco (cf. "Como louvar-se em incorrer na inveja"). (N.T.)

Desde então, caminho com menos prazer pelos lados dos Inválidos; contudo, como meus sentimentos por eles não depende dos deles por mim, nunca vejo sem respeito e sem interesse esses antigos defensores de sua pátria: para mim, é bastante duro ver-me tão mal-recompensado, de sua parte, pela justiça que lhes faço. Quando, por acaso, encontro alguém que escapou às instruções comuns, ou que, não conhecendo meu rosto, não manifesta nenhuma aversão por mim, a honesta saudação deste único homem compensa a postura rebarbativa dos outros. Esqueço-os para me concentrar apenas nele, e imagino que possui uma dessas almas como a minha, na qual o ódio não poderia penetrar. Tive esse prazer ainda no ano passado, ao tomar um barco para ir passear na Ilha dos Cisnes.[117] Um pobre velho inválido aguardava num barco companhia para atravessar. Apresentei-me e pedi ao barqueiro que partíssemos. A água estava agitada e a travessia foi longa. Eu quase não ousava dirigir a palavra ao inválido, temendo ser maltratado e repelido como de costume, mas seu ar honesto me confortou. Conversamos. Pareceu-me ser um homem de bom senso e bons costumes. Fiquei surpreso e encantado com seu tom aberto e afável. Eu não estava acostumado a tanta consideração. Minha surpresa cessou quando descobri que tinha acabado de chegar do interior. Compreendi que ainda não lhe haviam mostrado meu rosto e dado suas instruções. Aproveitei esse incógnito para conversar por alguns momentos com um homem, e senti, pela doçura que nele encontrava, quanto a raridade dos prazeres mais comuns é capaz de lhes aumentar o valor. Ao sair do barco, ele preparava seus dois pobres *liards*. Paguei a passagem e supliquei-lhe que guardasse seu dinheiro, temendo zangá-lo. Isso não ocorreu; ao contrário, pareceu sensível à minha atenção, e sobretudo àquela que também tive, tendo em vista que era mais velho do que eu, de ajudá-lo a sair do barco. Quem acreditaria que fui criança o bastante para chorar de satisfação? Eu morria de vontade de colocar-lhe uma moeda de 24 soldos na mão para comprar tabaco, mas não ousei fazê-lo. A vergonha que me reteve

---

117. Também conhecida como Ilha Maquerelle, a Ilha dos Cisnes era uma pequena ilha situada no rio Sena, em Paris, perto dos Inválidos e do Campo de Marte. Unida à margem esquerda do Sena desde o final do século XVIII, a referida ilha não deve ser confundida com a outra Ilha dos Cisnes, pequena ilha artificial situada no mesmo rio e criada em 1827 para proteger a ponte de Grenelle. (N.T.)

é a mesma que frequentemente me impediu de fazer boas ações que me teriam enchido de alegria e das quais somente me abstive deplorando minha imbecilidade. Desta vez, após ter me despedido do velho inválido, logo me consolei pensando que eu teria, por assim dizer, agido contra os meus próprios princípios, mesclando às coisas honestas um prêmio em dinheiro que degrada sua nobreza e mancha seu desinteresse. É preciso apressar-se em socorrer aqueles que precisam ser socorridos; mas, no comércio ordinário da vida, deixemos a benevolência natural e a urbanidade fazerem cada uma seu trabalho, sem que nada de venal e de mercantil jamais ouse aproximar-se de tão pura fonte para corrompê-la ou para alterá-la. Dizem que, na Holanda, o povo recebe dinheiro para dizer a hora e mostrar o caminho. Deve ser um povo bastante desprezível esse que comercializa assim os mais simples deveres da humanidade.

Observei que apenas na Europa a hospitalidade é vendida. Em toda a Ásia, as pessoas são alojadas gratuitamente. Compreendo que lá não se encontrem tão facilmente todas as conveniências. Mas não seria melhor dizer a si mesmo "Sou homem e sou recebido entre humanos"? É a humanidade pura que me abriga. As pequenas privações se suportam sem dificuldade, quando o coração é mais bem-tratado do que o corpo.

DÉCIMA CAMINHADA[118]

Hoje é Domingo de Ramos, precisamente cinquenta anos após meu primeiro contato com a sra. De Warens. Ela tinha então 28 anos, tendo nascido junto com o século. Eu não tinha nem 17 completos, e meu temperamento nascente, que eu ainda ignorava, conferia um novo ardor a um coração naturalmente cheio de vida. Se não era surpreendente que ela concebesse benevolência para com um jovem vivo, mas doce e modesto, de aspecto assaz agradável, era-o ainda menos que uma mulher encantadora, cheia de espírito e de graça, me inspirasse, com o reconhecimento, sentimentos mais ternos, que eu não podia discernir. Mas o que é menos ordinário é que aquele primeiro momento me determinou para toda a minha vida e produziu, por um encadeamento inevitável, o destino do resto de meus dias. Minha alma, cujas mais preciosas faculdades meus órgãos não haviam desenvolvido, ainda não possuía nenhuma forma. Aguardava, numa espécie de impaciência, o momento que a proporcionaria, e tal momento, acelerado por aquele encontro, não veio, contudo, tão cedo, e na simplicidade de costumes que a educação me dera, vi por muito tempo prolongar-se para mim esse estado delicioso, mas breve, em que o amor e a inocência habitam o mesmo coração. Ela me afastara. Tudo me chamava de volta a ela. Foi preciso retornar. Esse retorno fixou meu destino, e muito tempo ainda antes de possuí-la, eu já não vivia senão nela e para ela. Ah! Se eu tivesse bastado a seu coração, assim como ela bastava ao meu! Que tranquilos e deliciosos dias teríamos passado juntos! Passamos alguns, mas, como foram curtos e rápidos, e que destino lhes sucedeu! Não há dia em que não me lembre com alegria e ternura daquele único e curto momento de minha vida em que fui plenamente eu mesmo, sem misturas

---

118. O texto da décima caminhada encontra-se inacabado. Rousseau faleceu poucas semanas após a redação destes poucos parágrafos. (N.T.)

e sem obstáculos, e durante o qual posso verdadeiramente afirmar ter vivido. Mais ou menos como aquele prefeito do Pretório, que, desgraçado sob Vespasiano, terminou tranquilamente seus dias no campo, posso dizer: "Passei setenta anos na terra, e vivi sete."[119] Sem aquele curto mas precioso espaço, eu talvez tivesse permanecido incerto a meu respeito; pois, por todo o restante de minha vida dócil e sem resistência, cheguei a tal ponto agitado, iludido, arrastado pelas paixões alheias que, quase passivo numa vida tão tempestuosa, teria dificuldade em distinguir o que é meu em minha própria conduta, tamanha foi a dura necessidade que não deixou de pesar sobre mim. Mas, durante aqueles poucos anos, quando fui amado por uma mulher repleta de complacência e doçura, fiz o que tinha de fazer, fui o que desejava ser. E, pelo emprego que fiz de meus momentos de lazer, ajudado por suas lições e seu exemplo, soube dar à minha alma, ainda simples e jovem, a forma que mais lhe convinha, e que ela guardou para sempre. O gosto pela solidão e pela contemplação nasceu em meu coração com os sentimentos expansivos e ternos feitos para ser seu alimento. O tumulto e o ruído os comprimem e os sufocam, a calma e a paz os reanimam e os exaltam. Tenho necessidade de me recolher para amar. Convenci mamãe[120] a viver no campo. Uma casa isolada no declive de um valezinho foi nosso asilo, e foi lá que, no espaço de quatro ou cinco anos, desfrutei de um século de vida e de uma felicidade pura e plena que cobre com seu encanto tudo que minha sorte presente tem de horrível. Eu tinha necessidade de uma amiga conforme meu coração, eu a possuía. Desejara o campo, obtivera-o. Não podia suportar a sujeição, estava perfeitamente livre, e mais do que livre, pois sujeitado apenas por minhas afeições, eu fazia somente o que queria fazer. Todo o meu tempo era preenchido com cuidados afetuosos ou ocupações campestres. Eu não desejava nada além da continuação de um estado tão doce; meu único desgosto era o temor de que não durasse muito tempo, e esse temor, nascido da dificuldade de nossa situação, não carecia de fundamento. Desde então, pensei em me dar, ao mesmo tempo, distrações para essa inquie-

---

119. Trata-se de Sérvio Sulpício Simili, prefeito do pretório desde o ano 112 ou 113 d.C. e que, para evitar a desgraça pessoal, retirou-se no campo, onde viveu por sete anos. (N.T.)
120. Trata-se da sra. De Warens. (N.T.)

tude e recursos para lhe prevenir o efeito. Pensei que uma provisão de talentos era o recurso mais seguro contra a miséria, e resolvi empregar meu tempo livre tornando-me capaz, se possível, de um dia devolver à melhor das mulheres a assistência que dela recebera.

FIM

Este livro foi impresso pela Gráfica Grafilar
em fonte Minion Pro sobre papel Pólen Bold 70 g/m²
para a Edipro no verão de 2023.